汉语国际教育中的中华优秀传统文化传播与发展研究

孟宪丛　张小林◎著

中国商务出版社

·北京·

图书在版编目（CIP）数据

汉语国际教育中的中华优秀传统文化传播与发展研究 /
孟宪丛，张小林著 . 北京 ： 中国商务出版社，2025.
4. -- ISBN 978-7-5103-5666-7

Ⅰ . H195.3；G125

中国国家版本馆 CIP 数据核字字第 2025BS7547 号

汉语国际教育中的中华优秀传统文化传播与发展研究

孟宪丛 张小林 著

出版发行：中国商务出版社有限公司

地 址：北京市东城区安定门外大街东后巷 28 号 邮 编：100710

网 址：http://www.cctpress.com

联系电话：010—64515150（发行部） 010—64212247（总编室）

010—64515164（事业部） 010—64248236（印制部）

责任编辑：杨 晨

排 版：北京盛世达儒文化传媒有限公司

印 刷：宝蕾元仁浩（天津）印刷有限公司

开 本：710 毫米 ×1000 毫米 1/16

印 张：13.75 字 数：225 千字

版 次：2025 年 4 月第 1 版 印 次：2025 年 4 月第 1 次印刷

书 号：ISBN 978-7-5103-5666-7

定 价：79.00 元

前 言

在全球化的时代浪潮中，语言作为文化的重要载体，其传播与交流对于促进不同文明之间的理解与互鉴具有不可替代的作用。汉语是世界上使用人数最多的语言之一，承载着悠久且丰富的中华优秀传统文化（为表述方便，书中简化为"中华文化"）。随着中国综合国力的提升与国际地位的日益凸显，全球范围内的汉语学习需求呈现出前所未有的增长态势，汉语国际教育事业也随之蓬勃发展。在此背景下，如何在汉语国际教育中有效传播与发展中华优秀传统文化，成为一个具有深远意义和紧迫性的课题。

本书旨在深入探讨汉语国际教育与中华优秀传统文化传播之间的内在联系与实践路径，通过对相关理论与实践的系统研究，为从事该领域的教育工作者、研究者以及政策制定者提供有益的参考与借鉴。全书内容涵盖概述、传播路径、传播困境、传播策略、课程体系构建等多个方面，力求全面、深入地剖析这一复杂而又充满挑战的领域。书中首先阐述了汉语国际教育内涵、语言与文化传播关系及中华优秀传统文化的核心价值与内涵，其次探讨了传统文化在教材、课堂、课外活动及孔子学院的传播路径，再次分析了传播面临的文化差异、教学资源与师资困境及国际竞争挑战，最后提出应对文化误解、加强师资建设、培养学习者兴趣的传播策略，构建了传统文化融入课程体系的路径。

通过以上系统而深入的研究，期望能为汉语国际教育中的中华优秀传统文化的传播与发展贡献一份力量，推动中华文化的全球传播，增进不同文化之间的理解与交流，为构建人类命运共同体添砖加瓦。

在本书编写过程中，搜集、查阅和整理了大量文献资料，在此对学界前辈、同人和所有为此书编写工作提供帮助的人员致以衷心的感谢。由于作者能力有限，时间较为仓促，书中如存在不足之处，恳请广大读者给予理解和指导！

作　者

2024 年 12 月

目 录

第一章　汉语国际教育与中华优秀传统文化传播概述

第一节　汉语国际教育的内涵与发展

一、汉语国际教育的基本认知

（一）汉语国际教育的基本定义

汉语国际教育是一门专门研究汉语作为第二语言或外语，在全球范围内推广学习与教学方法、理论和实践的学科。其核心目标不仅在于促进汉语的国际传播，还涵盖中华文化的全球推广与传播，以实现跨文化交流、增进国际社会对中国的认知和理解，并进一步推动各国之间的文化互鉴与合作。

汉语国际教育不同于传统的对外汉语教学。后者侧重于教授汉语语言知识与技能，强调语言的学习与使用，而前者则是一个综合性的概念，涵盖了语言教育、文化传播、教育政策、国际合作等多个方面。其内涵包括汉语教学体系的建设、师资培养、教材编写、教学方法研究、学习者语言能力测评、文化传播模式创新等一系列理论与实践层面的内容。

在全球化背景下，汉语国际教育不仅关乎语言学习的本体研究，还涉及语言与社会、文化、政治、经济等多维度的交叉领域。现代汉语国际教育在强调语言能力培养的同时，也更加关注学习者的跨文化交际能力，以提升其在国际交流中的适应性和竞争力。

（二）汉语国际教育与第二语言习得的关系

汉语国际教育与第二语言习得理论密切相关，二者在研究对象、方法及应用场景上存在交叉。

1. 语言学习理论的支撑

第二语言习得（Second Language Acquisition，SLA）理论是汉语国际教育的重要理论基础之一。SLA 理论强调学习者如何在自然或课堂环境下掌握第二语言，并探讨影响语言学习的心理、社会、认知等因素。汉语作为一门非拼音文字语言，其学习过程涉及音系、语法、词汇、文化背景等多个方面，与西方语言体系存在较大差异。因此，汉语国际教育需要结合 SLA 的研究成果，以优化教学策略，提高学习者的习得效率。

2. 教学方法的实践应用

现代汉语国际教育在教学方法上借鉴了 SLA 的多种理论，包括输入假设（Input Hypothesis）、情境学习（Contextual Learning）、交际法（Communicative Approach）等。通过强调互动、真实语境应用以及文化沉浸，汉语教育逐渐从传统的语法翻译法向更具交际性的教学方式转变。

3. 跨文化交际能力的培养

汉语国际教育不仅关注语言技能的培养，还强调跨文化交际能力的提升。学习者在掌握汉语的过程中，需要理解和适应不同文化背景，避免因文化差异导致的误解或交际障碍。因此，跨文化交际学（Intercultural Communication）成为汉语国际教育中的关键研究领域之一。现代汉语教学强调文化输入，使学习者在语言学习的同时，增强对中华文化的理解，进而提高其跨文化交际能力。

4. 技术与习得研究的结合

随着人工智能、大数据、虚拟现实等技术的发展，汉语国际教育逐步引入智能化学习系统，利用个性化学习路径推荐、在线互动教学、语音识别与纠错系统等手段，提高学习效率。SLA 理论中的可理解输入（Comprehensible Input）原则在智能学习环境中得到更广泛的应用，使学习者能够在真实或近真实的语境中进行汉语学习，从而提高习得效果。

汉语国际教育的发展，不仅关乎语言教学的技术与方法创新，还关乎中华文化的国际传播与全球话语权的提升。随着全球化进程的加快，汉语国际教育将继续探索更加科学、高效、多元的教育模式，以适应国际社会对汉语学习日益增长的需求。

二、汉语国际教育的核心目标与功能

汉语国际教育不仅是语言教育的一个分支，更是促进全球语言交流、文化传播和国际合作的重要手段。作为一项国际性的教育事业，其核心目标不仅局限于教授汉语语言知识，更在于深化跨文化理解，增强国际社会对中华文化的认同，推动全球对中国的理解与合作。随着全球化进程的加快，汉语国际教育在多层次、多领域发挥着日益重要的作用，既服务于语言能力的培养，也助力于国际社会对中国的认知构建。在这一框架下，汉语国际教育的核心目标与功能可以从以下几个方面展开探讨。

（一）语言传播与跨文化交流功能

语言是文化传播和社会互动的基础，汉语国际教育的首要目标在于促进汉语作为国际交流语言的普及与应用，同时推动全球范围内的跨文化交流与理解。

1. 提高汉语的国际传播力

汉语的国际传播不仅体现在其学习者规模的扩大，也体现在汉语使用环境的拓展。通过汉语国际教育的推广，世界范围内的汉语学习者数量不断增长，学习者的背景也日益多元化。同时，在国际教育、商务、外交、科技等多个领域，汉语的影响力逐步上升，成为重要的国际语言之一。

2. 促进多元文化的互鉴与融合

汉语国际教育不仅仅是单向的语言传播过程，更是多元文化交流的平台。

在学习汉语的过程中，学习者需要了解其背后的文化体系，包括价值观、思维方式、历史传统等。这一过程有助于消除文化隔阂，增进不同民族、国家之间的相互理解，为跨文化交际奠定坚实的基础。

3. 提高跨文化交际能力

现代社会高度全球化，不同文化之间的互动日益频繁，语言不仅是交流的工具，更是文化交融的载体。汉语国际教育通过系统的语言教学和文化课程，使学习者能够在不同的文化背景下有效地进行沟通，增强他们在国际环境中的适应能力，提升在全球化时代的竞争力。

（二）促进国际社会对中华文化的认同

中华文化是世界文明的重要组成部分，汉语国际教育作为中华文化传播的主要载体，承载着促进国际社会对中华文化认同的重要使命。

1. 构建中华文化的国际形象

一个国家的国际影响力不仅体现在经济实力和科技水平上，也体现为其文化的传播力和吸引力。汉语国际教育在教授语言的同时，也承担着塑造中华文化国际形象的职责。深入介绍中华文化的核心价值观，如和谐、包容、明礼、诚信等，能够使学习者对中华文化形成正面的认知，并提升其全球影响力。

2. 强化中华文化的软实力

软实力在国际关系中发挥着重要作用，而语言与文化传播是增强国家软实力的重要路径之一。汉语国际教育通过系统的文化教学，使外国学习者能够深入了解中华文化，增强其对中国文化的兴趣与认同感。在文化全球化的背景下，增强中华文化的国际吸引力，将有助于提升中国在世界文化体系中的话语权。

3. 提升国际社会对中华文化的接受度

文化传播的最终目标之一是在国际社会产生共鸣，被不同国家和民族所接受。汉语国际教育通过与当地文化的对接，使中华文化能够在不同社会环境中得到有效传播。结合各国的文化特点，制定适应性强的汉语课程和文化推广方案，能够提高中华文化在全球范围内的接受度。

（三）推动国际社会对中国的理解与合作

汉语国际教育不仅是语言学习的过程，还是一种国际交流与合作的方式。随着中国在国际事务中的影响力日益提升，汉语国际教育在促进国际社会对中国的认知和合作方面发挥着不可替代的作用。

1. 加深国际社会对中国国情的认知

语言不仅是一种交流工具，更是国家历史、社会、政治、经济等多方面信息的载体。通过汉语学习，国际社会能够更加深入地了解中国的社会制度、发展模式、文化传统和价值观，从而减少因信息不对称导致的误解和偏见。

2. 促进国际教育合作

汉语国际教育的推广伴随着国际教育合作的深化。近年来，许多国家的高校与中国高校建立合作关系，共同开展汉语教学与文化研究。这种合作不仅推动了汉语教育的国际化，也为全球范围内的学术交流提供了更广阔的空间。同时，政府间的教育交流计划，如奖学金项目、交换生项目等，也进一步促进了不同国家之间的教育互联互通。

3. 加强全球经济合作

语言普及往往伴随着经济的交流与合作。随着中国经济的崛起，越来越多的国家开始重视汉语学习，以便更好地开展对华经贸往来。汉语国际教育的发展，使各国企业能够更顺畅地与中国市场接轨，促进国际贸易和投资，推动全球经济的深度融合。

4. 促进外交与国际关系发展

语言是外交沟通的重要工具，汉语国际教育的推广有助于提升中国与世界各国的外交互动能力。学习汉语的外国官员、学者、商界人士和普通民众，在语言学习的过程中，也在潜移默化地加深对中国的了解，为国际合作创造了更加友好的环境。通过汉语国际教育培养跨文化交流人才，不仅能够推动中国与世界各国的政治、经济、文化合作，也能为全球治理贡献更多中国智慧。

汉语国际教育的核心目标与功能，不仅在于语言传播，更涉及文化认同、国际合作以及全球影响力的提升。通过促进跨文化交流、深化国际社会对中华文化的认同、推动全球对中国的理解与合作，汉语国际教育在全球化背景下发挥着日益重要的作用，并将在未来持续推动中华文化在世界范围内的传播与发展。

三、汉语国际教育的发展阶段

汉语国际教育的发展并非一蹴而就，而是经历了一个漫长的历史演进过程。在不同历史阶段，汉语国际教育的实施目标、受众群体、推广手段以及教学体系均有所不同。总体来看，汉语国际教育的发展可以分为以下四个主要阶段。

（一）萌芽阶段（古代至20世纪初）

在汉语国际教育的萌芽期，汉语的传播主要依托于中国与周边国家和地区的政治、经济、文化交流活动，尚未形成系统的语言教学体系。这一阶段的汉语传播具有如下几个显著特点。

1. 官方交流与宗藩关系的推动

中国历史上长期奉行朝贡体系，周边国家如朝鲜、日本、越南等地纷纷与中国建立政治联系。这些国家的使节、学者、留学生前往中国学习文化，汉语作为朝贡体系中的通用语言之一，在外交和文化交流中逐渐发挥重要作用。

2. 宗教传播的助推作用

佛教自东汉时期传入中国，并在中国本土化后向外传播，如唐代玄奘西行取经，推动了汉语佛经的翻译与流通。同时，中国佛教僧人赴日韩等国弘法，汉语也随之进入这些国家的宗教教育体系。

3. 华侨移民与商业贸易的影响

自古以来，华人商贾远赴东南亚、西亚等地进行贸易往来，汉语作为商业交流的语言，在部分地区得到一定程度的传播。尤其在东南亚地区，华人社群逐步形成，汉语成为族群内部交流的重要工具。

尽管这一阶段汉语已开始向海外扩展，但尚未形成系统的语言教学体系，主要依赖学习者的自主学习和非正式教育途径。

（二）初步发展阶段（20世纪初至20世纪80年代）

20世纪初期，中国内忧外患，国家政局动荡，对外文化交流活动在一定程度上受到限制。然而，在此期间，随着现代教育制度的确立，汉语国际教育开始逐步形成一定的体系。

1. 民国时期的对外汉语教育探索

20世纪上半叶，随着中国社会的现代化进程，部分高校开始关注对外汉语教学，出现了一些专门教授汉语的课程和学校。例如，20世纪20年代，燕京大学设立了汉语课程，专门面向外国学生进行教学。这一时期的汉语国际教育主要面向在中国境内的外国留学生群体，受众范围较为有限。

2. 新中国成立后的对外汉语教育政策

1949年新中国成立后，国家开始重视汉语作为外语的教学，特别是在与社会主义国家的外交合作中，对外汉语教育成为重要内容。20世纪50年代，中国向苏联、东欧等国派遣汉语教师，并在国内设立专门培养对外汉语教师的机构，如北京语言学院（现北京语言大学），这一时期的汉语国际教育以满足政治外交需求为主。

3. 改革开放时期的汉语教育基础建设

20世纪70年代末，改革开放政策实施，中国对外文化交流增多，汉语学习需求逐步增加。1978年，北京语言学院开始正式开设对外汉语专业，标志着汉语国际教育进入学科化发展阶段。

（三）快速发展阶段（20世纪80年代至21世纪初）

改革开放之后，中国与世界在经济、文化、教育领域的交流全面恢复和加强，国际社会对汉语学习的需求快速上升。汉语国际教育在此阶段迎来了发展契机，并逐步建立起较为完善的教学体系。

1. 海外汉语教学机构的增加

20世纪80年代，海外部分国家的大学相继开设汉语课程，以满足本国学生对汉语和中国文化的兴趣。同时，中国政府积极支持汉语教育的发展，向世界各国派遣汉语教师，为各国汉语教育机构提供教材和资源。

2. 学科建设与研究体系的完善

20 世纪 90 年代，汉语国际教育的学科建设得到进一步发展，多所高校设立了对外汉语教学专业，培养汉语国际教育师资力量。同时，《汉语水平考试（HSK）》在 1984 年推出，成为全球首个汉语水平测试体系，为汉语学习者提供标准化的能力测评工具。

3. 汉语教育政策的进一步推进

随着中国经济的快速增长，各国政府和教育机构加大了对汉语教育的支持力度。例如，20 世纪 90 年代，美国、日本、韩国等国纷纷将汉语纳入本国中小学的外语课程，汉语的全球学习者规模大幅增加。

（四）全球化推进阶段（21 世纪初至今）

进入 21 世纪，汉语国际教育步入全球化发展阶段，教学手段、推广方式、受众范围均发生了深刻变化。

1. 孔子学院的全球布局

2004 年，中国政府正式设立孔子学院，以促进汉语和中华文化的国际传播。孔子学院通过与海外高校合作，开设汉语课程、组织文化活动，成为汉语国际教育的重要平台。截至目前，全球多个国家和地区设立了孔子学院和孔子课堂，构建起全球化的汉语教学网络。

2. 互联网与信息技术的应用

随着信息技术的发展，汉语国际教育进入数字化时代。在线汉语教育平台、移动应用、人工智能语言学习工具等新兴技术被广泛应用，学习者可以借助互联网随时随地进行汉语学习，极大拓展了汉语国际教育的传播范围。

3. 汉语国际教育的政策支持

近年来，中国政府积极推动汉语国际教育的发展，将其纳入国家文化外交战略。共建"一带一路"倡议的提出进一步促进了汉语在共建国家的传播，使汉语成为国际社会认识中国的重要渠道。

4. 汉语国际教育的多元化发展

当前，汉语国际教育已经突破了传统的课堂教学模式，形成多维度的推广体系，包括高校汉语课程、网络教育、企业汉语培训、政府文化交流项目等。同时，汉语学习者的群体也日趋多元化，从单纯的语言学习者拓展至商界人士、政治家、文化研究者等各类人群。

汉语国际教育的历史演进，体现了语言传播与国家发展、国际关系、科技进步之间的紧密联系。从早期的零散传播，到如今的全球化推广，汉语国际教育已成为一门综合性学科，并将在未来继续探索创新发展模式，以适应全球化的时代需求。

第二节　语言传播与文化传播的关系

一、语言与文化的共生关系

语言与文化的关系密不可分，二者相互依存、协同发展。在汉语国际教育的情境中，理解语言与文化的共生关系，对于推动汉语的国际传播、促进中华优秀传统文化的跨文化交流至关重要。从语言的本质来看，它不仅是人类交流的工具，更是文化的核心载体，同时也受文化因素的深刻影响。在不同社会历史背景下，语言与文化不断交融、互动、演变，形成各具特色的民族文化体系。这种共生关系使得语言传播不仅仅是语音、语法和词汇的教学过程，更是文化体验与认同的过程。

（一）语言是文化的载体

语言作为文化的主要承载方式，既体现了文化的内涵，也决定了文化的传播形式。在汉语国际教育的框架内，语言不仅仅是交流工具，更是文化传承与传播的重要途径。汉语所蕴含的文化因素，决定了语言教学不能脱离文化背景，而必须与中华文化的传播紧密结合。

1. 语言承载文化信息

语言是文化信息的主要载体，通过语音、词汇、语法、语篇结构等层面体现民族文化的特征。汉语的表达方式、语境特征、修辞手法等均植根于中华文化土壤，反映着中国人的思维方式、社会价值观及历史传统。例如，汉语中的成语、典故、谚语等都蕴含着丰富的历史文化信息，学习这些语言单位的过程即学习者接触、理解和接受中华文化的过程。

2. 语言构筑文化认同

语言不仅是个体表达思想的工具，在民族文化认同的构建中也发挥核心作用。语言的使用使文化得以传承和延续，使群体成员在共同的语言体系下形成认同感。在汉语国际教育的背景下，学习者通过语言学习进入中华文化的认知体系，使他们在掌握语言的过程中建立对中华文化的理解与认同。

3. 语言塑造文化传播路径

语言是文化传播的首要媒介，影响着文化传播的方式与广度。通过汉语学习，世界各国学习者能够更直接地接触中华文化，增强文化理解力。现代汉语国际教育依托多种传播方式，如课堂教学、网络课程、跨文化交流等，使语言成为连接不同文化的重要桥梁，从而实现文化的广泛传播。

（二）文化影响语言的表达方式

文化对语言的影响不仅体现在词汇、语法结构等层面，更深刻地体现在语言表达的方式上。在汉语国际教育中，不同文化背景的学习者在学习汉语时，往往会受自身母语文化的影响，这种文化背景的差异直接作用于语言的理解、习得与使用。因此，研究文化对语言表达方式的影响，对于提高汉语国际教育的有效性具有重要意义。

1. 文化决定语言表达的方式

不同文化塑造了不同的语言表达习惯，使语言的表达方式呈现出文化特定性。汉语的表达方式受中华文化影响，往往具有含蓄、注重人际关系、讲求礼貌和委婉表达的特点。而在西方语言体系中，表达方式通常更为直接、注重逻辑推理。这种文化对语言表达方式的影响，在跨文化交际中会导致语用习惯的差异，使得语言学习者需要理解目标文化的语言表达方式，以提高语言使用的准确性和交际能力。

2. 文化塑造语用规则

文化背景决定了语言的语用规则，包括话语模式、语境适应性、礼貌策略等。在汉语国际教育中，学习者需要掌握的不仅是词汇和语法规则，还需要学习如何在不同文化语境下恰当地使用语言。例如，在不同社会关系、正式与非正式场合等情况下，语言的使用方式会有所不同，只有理解了文化背后的规则，才能真正掌握语言的使用规范。

3. 文化对词汇和表达方式的影响

文化在很大程度上决定了语言的词汇系统。不同的文化背景导致词汇在不同语言中的表达方式有所差异，某些文化特有的概念甚至可能在其他语言中找不到完全对应的表达。汉语中的许多词汇蕴含着丰富的文化信息，特别是涉及伦理道德、社会关系、传统习俗等方面的词汇，需要借助文化讲解和体验来帮助学习者理解其内涵。

（三）语言与文化的互动演变

语言和文化并非静止不变，而是在长期的社会发展过程中不断演变和互动。语言的变化不仅受自身的结构性发展影响，更受到文化、社会、政治、科技等因素的推动。在汉语国际教育的背景下，研究语言与文化的互动演变，对于适应不同社会文化环境下的汉语教学需求、促进语言与文化的同步传播具有重要意义。

1. 语言随文化发展而演变

语言的变化反映了社会文化的发展，文化的演变必然带动语言的变化。随着全球化进程的加快，汉语在国际社会中的传播范围不断扩大，其语言形式和使用方式也在发生变化。例如，现代汉语吸收了大量外来词汇，反映了国际文化交流的趋势。同时，科技的发展也促使汉语语言形式发生改变，如网络语言的兴起，体现了社会文化变迁对语言的直接影响。

2. 文化传播推动语言的国际化

文化的全球传播加速了语言的国际化进程。在汉语国际教育中，中华文化的传播不仅使全球学习者对汉语产生兴趣，也提升了汉语的跨文化适应能力。文化传播的广度和深度影响着汉语在全球的接受度，使其在国际语境中不断丰富和发展。

3. 语言与文化的相互适应

语言传播和文化传播在互动过程中不断调整，以适应不同的社会环境。在汉语国际教育中，教师在教授汉语时，需要结合目标群体的文化背景，调整教学方法，使汉语的传播更加符合学习者的文化认知模式。同时，语言学习者在掌握汉语的过程中，也会逐步适应汉语的文化特征，实现语言与文化的双向适应。

语言和文化的共生关系体现在语言是文化的载体、文化影响语言的表达方式、语言与文化的互动演变这三个方面。在汉语国际教育中，语言与文化的相互作用不仅影响汉语的教学模式和学习效果，也决定了汉语国际传播的路径和方式。理解并掌握这一共生关系，有助于提升汉语国际教育的成效，推动中华文化在国际社会中得到更广泛的接受和传播。

二、语言传播对文化传播的促进作用

语言是文化传播的重要媒介，在文化跨地域流动与全球传播过程中发挥着关键作用。作为信息承载和交流的工具，语言不仅传递基本的交流信息，还蕴含着深层次的文化内涵。语言传播使文化得以超越地域、民族、时代的界限，实现跨文化传播、共享与融合。在汉语国际教育的框架下，语言传播对文化传播的促进作用尤为明显，不仅增强了中华文化的全球影响力，还促进了不同文化间的相互理解与交融。

（一）语言作为文化载体的基本功能

语言在文化传播中承担着核心载体的功能，使文化能够在不同社会群体之间流通和共享。文化的传承、创新和变迁，往往依赖于语言的记录、表达与传播方式。语言的存在，使得文化内容得以保留、传递并影响新的受众群体。

1. 语言承载文化符号系统

文化由一系列符号系统构成，包括价值观、社会规范、风俗习惯、历史传统等。语言作为符号系统的主要组成部分，通过文字、语音、语法等方式，系统化地存储和传递文化信息。汉语的表达体系中蕴含着大量与中华文化紧密相关的概念，让语言学习者在掌握汉语的过程中，自然接触到这些文化内容。

2. 语言保证文化的传播稳定性

文化传播依赖于语言的结构化表达，使文化在跨时空的流动中保持相对稳定。语言的规范性和系统性，确保了文化内容能够被完整地记录和传递，避免文化传播严重失真或断裂。现代汉语国际教育体系通过标准化的汉语教材、考试体系、教学方法，保障中华文化在全球范围内的稳定传播。

3. 语言促进文化的可理解性

文化传播的有效性取决于传播对象对文化信息的理解程度。语言的存在，使得文化信息能够被受众群体理解和接纳。在语言传播过程中，信息的可理解性决定了文化传播的深度和广度。汉语国际教育不仅关注语言技能的传授，还注重文化背景知识的讲解，助力学习者更深入地理解中华文化，从而增强文化传播的有效性。

（二）语言传播与文化认同的关系

语言传播不仅是信息传递的过程，也是构建文化认同的重要手段。在跨文化交流中，语言学习者在习得目标语言的同时，也在不断接触并理解该语言所承载的文化体系，从而影响其对目标文化的认同度。汉语国际教育作为汉语传播的重要路径，其目标不仅是教授语言技能，还包括培养学习者对中华文化的认知和认同。

1. 语言学习促进文化认同

语言学习不仅涉及语法、词汇等形式规则，更涉及对文化背景的理解和社会认知模式的建立。学习者在学习一门新语言的过程中，会不可避免地接触到该语言所蕴含的文化价值观，并在学习过程中逐步接受或认同该文化。汉语学习者通过学习汉字、成语、诗词、历史故事等内容，逐步建立起对中华文化的感知，进而可能产生文化认同。

2. 语言传播塑造文化身份

语言不仅是一种交流工具，更是一种文化身份的象征。在国际社会中，某种语言的广泛使用往往意味着该语言文化影响力的上升。汉语的国际传播，让众多非母语者成为汉语使用者，他们还在一定程度上参与到中华文化的传播和发展过程中。这种语言传播现象增强了中华文化在全球范围内的影响力，使汉语学习者能够在全球化语境中更深入地融入汉语文化圈。

3. 语言接触促进文化融合

在跨文化交际环境中，语言的传播促进了不同文化之间的互动和融合。学习者在掌握目标语言的过程中，往往需要在母语文化与目标文化之间进行对比和适应，从而获得文化交融的体验。汉语国际教育的开展，使得不同文化背景的学习者在语言学习的过程中逐渐理解并适应中华文化，并通过文化交流与互动，加深对汉语文化的认同感。

（三）语言环境对文化接受度的影响

语言传播的环境对于文化的接受度具有重要影响。语言环境不仅包括语言使用的物理场所，还涉及社会语境、交流方式、传播媒介等多种因素。在不同的语言环境中，文化传播的效果可能存在显著差异。因此，优化语言环境对提高文化接受度具有重要作用。

1. 语言环境塑造文化接触的频率

语言传播环境决定了文化接触的频率和深度。在语言氛围较为浓厚的情况下，学习者能够更加频繁地接触目标文化，从而增强文化认知和适应能力。汉语国际教育通过设立语言沉浸式课堂、举办中华文化体验活动、建立语言伙伴计划等方式，营造良好的语言氛围，提高学习者对中华文化的接触频率。

2. 语言环境增强文化传播的情境感

文化传播的有效性与传播情境密切相关。真实的语言环境能够增强文化传播的沉浸感，使学习者能够更加自然地接触和理解目标文化。现代汉语国际教育依托多种传播方式，如多媒体教学、线上虚拟课堂、实地文化考察等，使学习者能够在不同的场景中感受中华文化，从而提高文化接受度。

3. 语言环境影响文化传播的深度

文化传播不仅关注传播范围的广度，更关注传播的深度。语言环境的质量决定了学习者能否真正理解并接受目标文化。一个良好的语言环境应当兼顾语言知识的传授与文化背景的补充，使学习者能够在理解语言的同时深入领会其背后的文化逻辑。汉语国际教育体系在设计教学内容时，需要充分考虑学习者的文化背景，通过设置文化对比分析、跨文化交流活动等方式，增强学习者对目标文化的理解与认同。

语言传播对文化传播的促进作用主要体现在三个方面。语言作为文化的核心载体，担负着承载、存储并稳定传播文化信息的功能，使文化能够在不同地域和时代得以传承和发展。语言传播与文化认同密切相关，语言的学习不仅是技术技能的掌握过程，也是文化认知与认同的构建过程。语言传播的环境会影响文化的接受度，语言环境的塑造决定了学习者接触目标文化的深度与广度。因此，在汉语国际教育的实施过程中，需要注重语言传播的质量，提高文化传播的有效性，以增强汉语学习者对中华文化的认同感，并推动汉语及中华文化在全球范围内的传播与发展。

三、文化传播对语言传播的作用

文化传播在语言的推广、学习和演变过程中起到关键性作用。语言的传播并非孤立进行，而是在特定文化背景下的动态过程。文化的魅力、传播方式及其适应性，都会直接影响语言的学习动机、教学内容以及跨文化交际的成效。在汉语国际教育的背景下，文化传播的方式、内容和深度，决定了汉语的国际影响力，也影响着全球学习者对汉语的接受度和掌握水平。文化传播对语言传播的促进作用主要体现在以下几个方面。

（一）文化魅力提升语言学习的吸引力

语言学习不仅受实用需求的驱动，也受到目标文化的吸引力影响。文化的独特性、丰富性和国际影响力，对语言的传播起到推动作用。当一种文化在国际上获得较高的认可度和吸引力时，其语言往往也更容易被广泛接受和学习。

1. 文化软实力增强语言的全球吸引力

文化软实力的提升，有助于特定语言在全球范围内的传播更加顺畅。当一种文化在全球范围内具有高度影响力时，语言学习者会出于文化兴趣和认同感，自主学习相关语言。中华文化涵盖哲学、文学、艺术、医学、传统礼仪等多个领域，在国际社会中具有深远影响。这种文化魅力对汉语学习者形成强大的吸引力，激发他们对汉语的兴趣，从而推动汉语在全球的传播。

2. 文化产业带动语言学习需求

文化产业的发展增强了语言传播的动力。当文化产品（如电影、电视剧、文学作品、音乐、动漫等）在国际市场取得成功时，其背后的语言也会得到推广。受文化产业的影响，语言学习者在消费文化产品的过程中，会自然而然地接触并熟悉目标语言，使语言的传播更具主动性和互动性。

3. 文化活动创造语言学习场景

文化交流活动的开展，为语言学习者提供了真实的语言使用环境。在跨文化交流过程中，语言不仅是沟通工具，更是文化体验的重要载体。通过文化节庆、学术研讨、国际展览等文化交流形式，学习者能够在实践中感知汉语的语境特点，增强对汉语的学习兴趣，并提高其语言能力。

（二）文化传播丰富语言教学的内容与形式

文化的传播不仅影响语言学习动机，还直接决定了语言教学的内容、方法和手段。语言教学并非单纯的语法和词汇传授，而是文化传播的重要组成部分。在汉语国际教育体系中，文化因素的融入使语言教学更具深度和趣味性，促进学习者语言理解与表达能力的提升。

1. 文化知识的融入优化教学体系

语言与文化密不可分，语言教学需要依托文化背景进行解释和拓展。在汉语国际教育中，文化内容的融入，使语言教学更具系统性和现实关联性。教学内容可以涵盖中国传统哲学、历史典籍、民俗习惯、社会文化等多个方面，使学习者在掌握语言的同时，理解语言背后的文化逻辑，从而提高语言的应用能力。

2. 文化传播方式拓展教学手段

现代汉语教学不仅依赖传统的课堂教学，还结合多种文化传播方式，如数字化教学、沉浸式体验、跨文化交流等。借助多媒体、虚拟现实技术、影视作品等文化载体，语言学习者能够通过丰富的文化体验增强对语言的理解和运用能力。这种多样化的教学方式，使语言学习更加直观、生动，提高学习效率。

3. 文化元素增强语言表达的准确性

文化背景知识对语言表达的准确性具有直接影响。不同文化背景下的表达方式、修辞手法、语境适应能力，都会影响语言的使用效果。在汉语国际教育中，重视文化背景知识教学，有助于学习者理解语言的多层次意义，掌握不同场合下的语言使用规范，避免因文化差异造成语言误解或表达不当。

（三）文化背景差异对语言理解的影响

文化的差异性决定了语言理解的方式不同。不同文化背景的学习者在掌握语言时，往往会受到母语文化的影响，从而影响其对目标语言的理解、运用和表达方式。汉语国际教育需要充分考虑文化背景差异，优化教学策略，减少文化因素对语言理解造成的障碍。

1. 文化语境影响语言意义解读

同一语言在不同文化背景下可能呈现出不同的意义，学习者在语言学习过程中，往往会依据自身文化背景对语言进行解读。这种文化背景差异可能导致误解，影响对语言的正确理解。因此，在汉语国际教育中，需要结合不同文化背景学习者的特点，进行针对性的教学，引导学习者理解汉语的文化语境，准确解读语言表达的深层含义。

2. 文化思维模式影响语言使用方式

不同文化背景下的思维模式，会直接影响语言的使用习惯和表达方式。汉语具有独特的表达逻辑，强调语境、含蓄表达和整体性思维，而某些西方语言则更倾向于线性思维和直接表达方式。这种思维模式的差异，使得学习者在使用汉语时，可能出现表达习惯上的偏差。通过文化传播，可以帮助学习者理解汉语的表达特点，培养适应不同文化语境的表达能力。

3. 文化心理因素影响语言学习效果

文化心理因素决定了学习者对目标语言的接受程度和学习态度。文化亲近感较强的学习者，更容易接受目标语言的表达方式，并愿意在实践中使用该语言。反之，文化距离较大的学习者，可能在语言学习中产生认同障碍，影响学习效果。通过文化传播，可以增强学习者对目标文化的认知和认同，减少文化心理障碍，提高语言学习的适应性。

（四）语言习惯与文化误解问题

语言不仅是一种交流工具，更是一种文化认知体系。语言习惯的形成受到文化因素的深刻影响，不同文化背景下的语言习惯差异，可能导致跨文化交际中的误解和冲突。在汉语国际教育中，需要关注语言习惯与文化误解问题，以提高跨文化交际的有效性。

1. 语言习惯的文化制约性

语言习惯往往受到文化背景的限制，不同文化的交流方式、礼貌用语、情感表达、语气运用等，都会影响跨文化交际的成效。汉语国际教育需要帮助学习者理解汉语的文化特征，使其在语言交际中能够准确把握语言使用的文化规则，避免因语言习惯差异导致的误解。

2. 文化误解对语言传播的阻碍

文化误解可能导致语言传播的障碍，影响语言学习者对目标语言的掌握。文化误解的产生，往往源于文化知识的缺乏、刻板印象或文化距离感。在汉语国际教育中，需要通过文化传播，提高学习者对中华文化的认知水平，减少文化误解，提高语言交流的顺畅度。

3. 文化适应能力对语言学习的促进作用

跨文化适应能力的提升，有助于学习者更好地掌握目标语言，并在实际交际中运用语言。汉语国际教育可以通过文化交流项目、跨文化实践活动等方式，提高学习者的文化适应能力，使其在汉语学习过程中，更加自然地接受汉语的表达方式，提高语言运用的灵活性和准确性。

第三节　中华优秀传统文化的核心价值与全球影响

一、中华优秀传统文化的核心价值体系

中华优秀传统文化是中华民族的智慧结晶和精神支柱，其核心价值体系深刻塑造了中华民族的思想观念、社会规范和文化传承。在汉语国际教育的背景下，理解中华优秀传统文化的核心价值体系，有助于促进国际社会对中华文化的认知和认同，也为全球范围内的文化交流与合作奠定了思想基础。中华优秀传统文化的核心价值体系主要体现在儒家思想的伦理道德观、道家思想的天人合一理念、其他文化流派的独特价值以及贯穿其中的人文精神。

（一）儒家思想与伦理道德观

儒家思想是中华优秀传统文化的核心支柱，奠定了中华民族的价值观体系，并深刻影响了中国社会的政治制度、道德规范、教育理念及社会行为准则。其伦理道德观不仅规范了个人行为，还渗透到家庭、社会乃至国家治理的各个层面，在全球范围内也产生了广泛影响。现代研究进一步揭示了儒家伦理道德观在社会治理、企业管理、教育体系等多个领域展现出新的价值。

1. 仁爱精神与社会和谐

儒家伦理的核心价值之一是"仁"，强调人与人之间的关怀与同情，主张通过道德修养促进社会和谐。"仁"不仅是一种个体道德品质，也是一种社会治理

理念，强调以道德引导社会秩序，使社会成员在相互尊重和友善互动的基础上建立稳定的社会关系。在现代社会治理模式中，儒家的"仁"思想被视为推动社会和谐、促进跨文化理解的重要理论基础。

2. 义与礼的规范作用

儒家强调"义"与"礼"在社会行为中的作用。"义"指向个人和社会的正当行为准则，要求个体在行为选择上遵循道德和正义原则，而非单纯地以个人利益为导向。"礼"则是社会规范的具体体现，包括家庭伦理、社交礼仪、政治制度等内容，旨在维护社会秩序并促进群体间的和谐互动。现代社会中的法律体系、职业道德、企业文化等诸多领域仍然受儒家"义"与"礼"思想的影响，体现出伦理道德对社会运行的约束与引导作用。

3. 家庭伦理与家国同构

儒家思想高度重视家庭伦理，将家庭视为社会治理的基础。其"孝"文化强调子女对父母的尊敬与照顾，而这种伦理观念也被延伸至社会管理，形成了"家国同构"的社会结构。在这一理念下，家庭道德与国家治理互相映射，家庭稳定被视为社会和国家稳定的基础。在现代社会治理与企业管理中，儒家家庭伦理仍然发挥着影响力，塑造着社会成员的责任感和群体意识。

4. 君子人格与道德修养

儒家倡导"修身、齐家、治国、平天下"的人生理想，认为个体的道德修养是实现社会和谐与国家长治久安的前提。君子人格注重个人在道德、自律、责任等方面的修炼，通过不断地学习与实践提升自身修养。这种价值观在现代领导力培养、企业伦理管理、人才培养等方面得到新的诠释，被认为是构建现代社会信任体系和组织文化的重要思想资源。

5. 教育理念与知识传承

儒家思想高度重视教育，强调通过学习提升个人道德修养和社会责任感，形成了重视教育、崇尚知识的文化传统。儒家教育理念影响了中国乃至全球的教育体系，其强调的终身学习、师道尊严、以德育人等理念，在现代教育理论中仍然具有指导意义。现代汉语国际教育体系在课程设置和教学理念上，也受到儒家教育思想的影响，为汉语国际传播奠定了文化根基。

（二）道家思想与天人合一理念

道家思想以"道"为核心概念，强调人与自然和谐共生，并形成了独特的宇宙观、人生观和社会治理观。天人合一理念是道家思想的核心价值之一，主张自然与人类社会相互依存，人类应当遵循自然法则，顺应天地运行的规律而非违背自然过度干预。这一思想不仅影响了中国古代哲学，还在全球范围内的生态伦理、可持续发展、心理学等多个领域产生了深远影响。

1. 天人合一的生态哲学

道家思想认为，人类是宇宙整体的一部分，必须遵循自然法则，维持生态平衡。这一思想强调人与自然之间的相互依存关系，倡导尊重自然、适应自然，而非试图征服自然。现代生态伦理学受道家"天人合一"理念的影响，秉持可持续发展、低碳生活、生态保护等理念，在全球环境治理与可持续发展进程中发挥了积极作用。

2. 无为而治的社会治理思想

道家强调"无为而治"，认为理想的社会治理应当减少人为干预，让社会按照自然规律运作。这一思想并非主张无所作为，而是强调顺应社会发展的内在逻辑，避免过度控制和强制干预。在现代社会治理理论中，去中心化管理、柔性治理、动态适应等理念，与道家的无为而治思想有共通之处，推动着现代组织管理和国家治理的模式创新。

3. 自然主义的艺术审美观

道家思想对中国艺术、美学的影响极为深远，其推崇自然之美，主张艺术应当展现自然的韵律和本真状态。中国书法、山水画、诗歌等艺术形式均受到道家思想的影响，追求"天人合一"的境界。这种美学观念强调人与自然的融合，以及艺术创作中的"留白""虚实结合"等表现手法，不仅塑造了中国传统艺术的风格，也在现代艺术设计、建筑美学等领域得到了应用。

（三）其他文化流派的重要价值

中华优秀传统文化不仅包含儒家和道家思想，还包含诸多具有重要价值的文化流派，如法家、墨家、兵家、禅宗等。这些思想体系共同塑造了中华文化的多元性和包容性，并在社会治理、伦理道德、科学技术、军事战略等多个领域发挥了巨大的影响力。现代社会在全球化与信息化背景下，重新审视这些文化流派，不仅能够加深对中华文化体系的理解，还能为当代社会治理、伦理建设、科技创新和文化传播提供理论支撑。

1. 法家思想与国家治理

法家思想主张以法律和制度治理社会，其核心理论强调法律至上、权力集中以及社会管理的规范性。法家学派认为，国家的稳定和社会秩序依赖于严明的法律制度，而非单纯依靠道德教化。因此，在国家治理体系中，法家思想主张"以法治国"，强调法律的统一性、客观性和执行力。现代国家治理体系中的法治建设、行政管理制度的设计，以及企业管理中的规章制度制定等，都能够从法家思想中找到理论依据。法家对法律体系的重视，为现代社会的法治化发展提供了深刻的思想启示，推动了国家治理从人治向法治的转变。

2. 墨家思想与社会公平

墨家思想倡导"兼爱""非攻"，强调社会公平、和平共处和技术创新。墨家的兼爱观念主张超越家族与血缘关系，倡导人与人之间平等互助，这一观念在现代社会的公共管理、社会福利体系建设以及国际关系处理方面具有现实意义。此外，墨家注重实践，强调科技创新对社会发展的推动作用，这一理念与现代科学精神高度契合。墨家的逻辑推理方法和工程技术理论，在中国古代科技发展中发挥了重要作用，并对现代工程技术和科技创新思维产生了深远影响。

3. 兵家思想与战略智慧

兵家思想是中华军事文化的重要组成部分，其核心思想不仅适用于军事战争，也广泛影响了政治决策、经济竞争、企业管理等多个领域。兵家强调战略思维、灵活应变、知己知彼、避实击虚等原则，这些思想对于现代国际关系、市场竞争、企业战略管理等都具有重要指导意义。在全球竞争日益激烈的背景下，兵家思想中的智慧正被广泛应用于国家安全、经济博弈、商业竞争、危机管理等方面，成为全球治理体系的重要理论参考。

4. 禅宗思想与精神修养

禅宗是中国佛教的重要分支，强调通过内心的顿悟来达到精神上的自由与觉悟。禅宗思想影响了中国传统哲学、美学、文学、艺术等多个领域，特别是在个人修养、心理健康、人生哲学等方面贡献了独特的价值观。现代社会中，禅宗思想在心理学、管理学、生活方式等方面得到了广泛应用，特别是在缓解心理压力、提升工作效率、促进身心平衡等方面发挥了积极作用。禅宗所倡导的"当下觉悟""去执念""无住生心"等理念，为现代人提供了一种应对焦虑与不确定性的智慧途径。

（四）中华文化中的人文精神

中华文化不仅包含丰富的哲学思想和社会治理理论，还蕴含着深厚的人文精神。这种人文精神涵盖了人与社会、人与自然、人与自我的关系，体现出中华文化的核心价值观。人文精神不仅是中华民族文化自信的重要来源，也是推动社会和谐、促进全球文化交流的重要动力。在全球化背景下，深入理解中华文化中的人文精神，有助于促进跨文化交流，并为全球社会的可持续发展提供思想支持。

1. 以人为本的价值取向

中华文化强调以人为本，认为人的道德修养、社会责任和精神追求是社会和谐的核心。儒家思想强调"修身、齐家、治国、平天下"，道家思想主张顺应自然、关注个体内心的平衡，佛家思想则倡导慈悲与智慧。这些价值观共同塑造了中华文化的基本精神，使个体的道德修养与社会责任紧密相连。在现代社会治理、企业文化建设、个人发展等方面，以人为本的理念仍然具有重要的现实意义。

2. 崇尚和谐的文化理念

和谐是中华文化的核心理念之一，贯穿于社会治理、人与自然关系、跨文化交流等多个方面。儒家强调社会伦理秩序，道家主张人与自然的平衡，佛教追求内心的和谐，这些思想共同构成了中华文化中的"和合"理念。这种理念不仅影响了中国的社会结构，还成为推动国际社会和平与合作的重要文化资源。在当代全球治理、生态文明建设、国际关系协调等方面，和谐理念为解决全球性问题提供了新的思考方式。

3. 尊重自然的生态观

中华文化强调人与自然的共生关系，提出了"天人合一""道法自然"等生态哲学思想。这些理念强调人类应顺应自然，而非征服自然，提倡可持续发展模式。在全球气候变化、生态危机加剧的当下，中华文化中的生态观念为全球环境治理和可持续发展提供了思想资源，对现代环保政策、绿色经济、可持续城市建设等领域产生了积极影响。

4. 强调自律与责任的道德观

中华文化高度重视道德修养，强调个人的自律精神和社会责任意识。儒家主张"己所不欲，勿施于人"，强调道德自觉和社会责任；道家提倡"无为而治"，追求个体与社会的自然和谐；佛教提倡因果报应，重视道德行为对个人与社会的影响。这种道德观念在现代社会的伦理建设、法律制度完善、社会责任感培养等方面仍然具有重要价值。

5. 终身学习的求知精神

中华文化秉持"学而不厌""知行合一"的理念，倡导终身学习和自我提升。知识的传承不仅是个人成长的重要途径，也是社会进步的动力源泉。儒家教育思想影响了中国乃至全球的教育体系，其强调师道尊严、因材施教、实践结合的理念，在现代教育理论中仍然具有深远意义。在汉语国际教育中，强调学习与实践的结合，正是中华文化这一核心价值的体现，为全球学习者提供了具有实践指导意义的学习理念。

中华优秀传统文化中的人文精神，为社会发展提供了丰富的思想资源，也为全球文化交流与合作奠定了坚实的基础。通过汉语国际教育，这些文化价值正在被越来越多的国际学习者接受和理解，推动中华文化在全球范围内的传播与发展。

二、中华优秀传统文化的全球影响力

中华优秀传统文化作为世界文明的重要组成部分，长期以来在国际社会中发挥着显著的文化影响力。其影响范围不仅覆盖东亚文化圈，还在全球的哲学、艺术、医学、体育、饮食等领域产生了深远的作用。汉语国际教育作为文化传播的重要途径，使中华文化在国际交流中更具传播力和影响力。当前，在全球化深入发展的背景下，中华文化的国际传播路径日益多元，其全球影响力正进一步加强。

（一）汉字及书法艺术的国际传播

汉字作为世界上最古老的文字体系之一，承载着中华文明数千年的历史信息，独特的形态和深厚的文化内涵，使其在全球文化交流中具有不可替代的地位。随着汉语国际教育的推广，汉字的传播已超越语言交流的范畴，成为世界范围内研究和欣赏的重要文化符号。

1. 汉字作为文化传播的重要载体

汉字不仅是汉语的书写符号，更是中华文化的重要载体。汉字的表意特征使其不仅具备语言交流功能，还蕴含丰富的文化意象和历史积淀。国际社会对汉字的研究，不仅限于语言学层面，还涉及考古学、艺术学、符号学等多个领域。汉字的普及程度不断提高，使得中华文化在世界范围内获得更广泛的接受和理解。

2. 书法艺术的跨文化吸引力

书法是中国传统艺术的代表之一，不仅具有高度的美学价值，还被视为修身养性的文化活动。书法的独特笔法、线条节奏、空间布局等，展现了中华文化对艺术与哲学的独特理解。随着文化交流的不断深化，书法艺术已成为国际艺术教育和设计领域的重要研究对象，并在全球范围内被越来越多的人欣赏和实践。

3. 汉字文化对全球艺术设计的影响

汉字的视觉美感和结构特点，使其在国际艺术设计领域具有重要影响力。现代国际平面设计、字体艺术、品牌标识等领域都受到汉字文化的启发。国际文化产业的发展，也使汉字融入视觉艺术，在全球形成独特的文化传播效应。

（二）中医、武术与饮食文化的国际推广

中华传统医学、武术和饮食文化是中华文化的重要组成部分，长期以来在

国际社会中扮演着重要角色。它们不仅是中华文化的具体体现，也是文化软实力的重要载体，促进了全球范围内的健康观念、身体锻炼方式和生活习惯的交流与融合。

1. 中医学的国际化应用

中医学以整体观、辨证论治、阴阳平衡等理论为核心，其理论体系和实践方法在全球范围内得到越来越多的认可。针灸、推拿、草药疗法等中医治疗手段，已被多个国家的医疗体系吸纳，成为全球医学研究的重要方向。中医学的国际推广，使其不仅作为医学体系的补充手段，更融入全球健康理念，为世界医学模式的多元化发展提供了重要支持。

2. 武术文化的全球化传播

中华武术不仅是一种身体锻炼方式，还蕴含了丰富的哲学思想和文化价值。太极拳、少林功夫、八段锦等武术体系在全球范围内被广泛推广，不仅成为体育健身的重要形式，还在心理调节、身体康复、文化交流等方面发挥着作用。武术的国际传播，使中华文化的核心价值观融入全球体育文化中，并为全球健康运动带来了新的实践方式。

3. 饮食文化的跨文化影响

中华饮食文化凭借独特的食材运用、烹饪技艺、食疗理念，成为全球最具影响力的饮食体系之一。中餐的国际化发展，不仅体现了中华文化的包容性，也展示了中华美食哲学的科学性和健康价值。饮食文化的传播，不仅影响了全球饮食结构，还促进了中外文化的深层次交流，使中华饮食文化成为世界饮食文化体系的重要组成部分。

三、中华优秀传统文化的当代价值

中华优秀传统文化是中华民族在长期历史进程中积累和传承下来的宝贵精神财富，具有深厚的哲学思想、伦理价值和社会实践意义。在当代全球化背景下，中华文化不仅肩负着维护文化身份、增强民族认同的责任，还在国际文化交流、全球治理以及科技创新等领域展现出新的价值。汉语国际教育作为文化传播的重要载体，使中华文化得以在多元文明体系中发挥积极作用，并不断推动其适应现代社会需求，焕发出创新发展活力。中华优秀传统文化的当代价值主要体现在文化自信的树立、全球化背景下的适应性，以及传统文化的现代化转化等方面。

（一）文化自信与国家形象塑造

文化自信是国家综合实力的重要组成部分，是民族文化在全球化时代保持独特性和竞争力的核心体现。中华优秀传统文化作为中华民族文化自信的源泉，对国家形象塑造和全球文化话语体系的构建具有关键作用。在现代国际环境下，增强文化自信不仅有助于塑造中国在国际舞台上的正面形象，还能促进不同文明之间的平等交流与互鉴。

1. 文化自信对民族认同的促进

文化自信源于对自身文化的深刻理解和认同，是民族凝聚力和国家向心力的重要支撑。中华优秀传统文化在塑造民族认同方面具有独特作用，儒家思想的道德规范、道家哲学的宇宙观、法家的法治理念、佛教的慈悲智慧等多元文化体系，构成了中华民族独特的价值体系。这些文化价值不仅在历史上铸就了中华文明的精神风貌，在当代社会仍然具有引导作用，使个体在文化认同的基础上增强归属感，从而维护国家统一和社会稳定。

2. 文化自信在国家形象塑造中的作用

国家形象的塑造不仅依赖于经济实力和政治影响力，更需要文化软实力的支撑。中华文化作为世界文明的重要组成部分，其深厚的文化底蕴、丰富的思想资源和独特的艺术形式，是国家文化形象的重要组成部分。通过汉语国际教育、国际文化交流、全球媒体传播等方式，中华文化在世界范围内获得更广泛的认可，使中国的文化形象更加立体、多元，并在全球文化竞争中占据更加有利的位置。

3. 文化自信对全球文化多样性的贡献

在全球化时代，文化单一化趋势对世界文化多样性构成挑战，中华优秀传统文化的传播和发展能够有效促进文化多样性，增强不同文明体系之间的交流与互鉴。通过汉语国际教育、文化产业输出、国际学术交流等方式，中华文化逐步融入全球文化体系，不仅丰富了全球文化的多样性，也推动了不同文明间的平等对话，促进全球文化格局的平衡发展。

（二）中华文化在全球化时代的适应性

在全球化浪潮的推动下，文化传播的方式、路径和影响范围均发生了深刻变化。中华优秀传统文化在这一进程中不仅需要保持自身独特性，还需不断调整和适应国际文化环境，以增强其国际传播的有效性和影响力。现代社会的发展，为中华文化的全球传播提供了新平台，使其能够更有效地融入全球文化交流体系。

1. 文化适应性与跨文化交流

中华文化在全球传播过程中，需要根据不同国家和地区的文化背景、社会需求进行适应性调整，以提升其接受度和影响力。跨文化交流要求在坚守文化的核心价值的同时，采取灵活的传播策略，使不同文化背景的人群能够更好地理解和接受。现代汉语国际教育体系在文化传播过程中，运用多元化的课程设计、文化活动和语言教学策略，助力中华文化能够更顺畅地融入不同文化体系。

2. 中华文化在国际语境中的再创造

在全球化时代，中华文化不仅要静态传承，还需要进行现代化转化和创新，使其在新的历史语境下焕发活力。现代文学、影视、艺术、设计、科技等领域，均在传统文化的基础上进行创新，使其更具现代感和国际化特征。中华文化的再创造过程，不仅增强了自身适应性，也提升了在全球文化竞争中的吸引力和影响力。

（三）中华文化的创新与现代化发展

中华文化的现代化发展既是文化自身发展的需要，也是适应现代社会结构和全球化环境的重要举措。在当代社会，中华文化通过创新性转化，能够更好地服务于现代社会需求，并提升其在全球范围内的影响力。

1. 中华文化的产业化发展

中华文化凭借文化产业的发展，进一步推动其在现代社会的传播和应用。文化创意产业、影视传媒、艺术设计、数字出版等领域，均在传统文化的基础上进行了创新发展，使传统文化焕发新的生命力。汉语国际教育与文化产业融合，为中华文化的国际传播提供了新的经济支撑，使其在全球市场中占据更加重要的地位。

2. 中华文化在社会治理中的现代化应用

中华文化不仅具有审美和思想价值，在社会治理、伦理建设、法律体系完善等方面也具有现实指导意义。儒家的"德治"理念、法家的"依法治理"思想、道家的"无为而治"哲学，均能在现代社会治理中找到新的应用场景，为社会治理体系的优化贡献文化智慧。中华文化的现代化转化，使其深度融入现代国家治理体系，并为全球治理体系提供参考。

3. 中华文化在教育体系中的创新实践

中华文化的现代化发展体现在教育体系的改革和创新之中。汉语国际教育在全球范围内的推广，使中华文化成为全球教育体系的一部分。与此同时，国内教育体系也在不断探索中华文化与现代教育理念结合，使传统文化的核心价值能够更好地适应现代教育需求，培养兼具全球视野和文化自信的现代公民。

中华优秀传统文化在当代社会的价值不仅体现在文化自信的塑造、全球化时代的适应性方面，还体现在创新与现代化发展方面。通过汉语国际教育、数字技术应用、文化产业发展、社会治理优化等多种方式，中华文化正以更加开放和包容的姿态融入世界，为全球文化多样性、国际文化交流和人类文明进步贡献智慧与力量。

第四节　汉语国际教育中的中华优秀传统文化内涵

一、汉语国际教育中的文化教学内容

汉语国际教育不仅是一种语言教学活动，更是中华文化传播的重要途径。在全球文化交流日益频繁的背景下，汉语教学已超越单纯的语法和词汇训练，融入了中华优秀传统文化的多层次、多角度呈现方式。文化教学内容的科学设计，不仅能够提升学习者的语言理解能力，还能加深其对中华文化的认知，促进跨文化交际能力的发展。汉语国际教育中的文化教学内容涵盖教材编写、课堂教学以及课外文化活动三个主要方面，共同构建起文化教学的完整体系，为学习者提供全面的文化体验。

（一）汉语教材中的中华文化元素

汉语教材作为语言学习的重要载体，不仅承担着词汇、语法和句型的教学功能，还肩负着文化传递的职责。教材中的文化元素设计直接影响学习者对中华文化的接触深度和理解程度。科学合理地在教材中融入中华文化元素，能够增强语言学习的趣味性，使学习者在语言习得的同时深入理解文化背景，提升文化认同感。

1. 文化内容的层次化设计

汉语教材中的文化内容需要根据学习者的语言水平进行合理分层，实现文化教学与语言教学同步发展。在初级阶段，教材应当侧重于日常交际文化，如社交礼仪、基本风俗、节庆文化等，使学习者能够在实际生活情境中掌握基本的文化常识。在中高级阶段，则可以逐步引入更深层次的文化内容，如历史典籍、哲学思想、文学艺术等，使学习者能够在更广阔的文化背景下理解语言表达的内涵和社会意义。

2. 文化元素的多元化呈现

汉语教材中的文化内容应涵盖中华文化的多个维度，包括语言文化（汉字演变、成语典故）、社会文化（家庭结构、人际关系）、物质文化（传统服饰、建筑艺术）以及精神文化（儒家思想、道家哲学）。这种多元化的文化呈现方式能够帮助学习者全面理解中华文化体系，在跨文化交际中更加准确地运用语言。

3. 文化内容的本土化适应

在汉语国际教育实践中，学习者的文化背景和接受能力各不相同，因此教材中的文化内容需要进行本土化适配，使其能够符合不同国家和地区的学习需求。针对不同文化圈的学习者，教材编写需要结合目标群体的文化特点，适当调整文化输入方式，以提高文化教学的接受度和传播效果。

（二）课堂教学中的文化知识传授

课堂教学是文化知识传授的核心场所，教师的教学方法、课程内容设计以及教学互动模式直接影响学习者对中华文化的理解与接受程度。在汉语国际教育中，文化知识的传授不是文化信息的灌输，而是通过多种教学手段，使学习者能够在语言实践中体验文化、理解文化，最终实现跨文化交际能力的提升。

1. 文化教学的互动性

传统的语言课堂往往以教师讲解为主，而现代汉语教学更加强调互动性，使学习者能够在情境中体验文化内容。课堂教学可通过角色扮演、文化讨论、情景模拟等方式，使学习者在真实语境中感受中华文化的实际运用。例如，模拟传统节日庆祝活动，学习者不仅能够理解相关词汇和表达方式，还能体验中华文化的社交习惯和价值观念。

2. 文化内容的情境化教学

在语言教学过程中，文化内容的传授需要结合真实情境，使学习者能够在具体的文化背景下理解语言的使用方式。在教学过程中，可以借助影视片段、新闻报道、文学作品等素材，将文化内容融入语言学习过程，使学习者在语境中感受文化，避免文化知识孤立化、碎片化。

3. 文化教学的对比与迁移

跨文化对比教学是增强学习者文化理解力的重要方式。教师可以引导学习者将中华文化与其本土文化进行对比，分析不同文化背景下语言表达的差异，以帮助学习者更精准地掌握语言使用规则。例如，对比不同国家的称谓体系，可以帮助学习者理解汉语的人际关系文化，准确使用敬辞、谦辞等表达方式。此外，通过文化迁移，教师可以引导学习者在学习汉语的过程中，逐步理解中华文化的思维模式和价值观念。

（三）课外文化活动的补充作用

课堂教学是文化知识传授的主要途径，而课外文化活动则为学习者提供了更为丰富的文化体验，使文化学习跳出课堂，融入真实的社会语境中。课外文化活动的有效组织，不仅能够提升学习者的文化理解力，还能够增强其对汉语学习的兴趣和实践能力。

1. 文化实践活动的拓展

语言的学习不仅需要课堂输入，更需要真实场景的文化体验。课外文化活动可以包括文化展览、传统技艺学习、中华美食体验、戏曲观赏等，让学习者能够在实践中感受中华文化的魅力。这种文化实践活动能够弥补课堂教学的局限，助力学习者在文化情境中提高语言运用能力。

2. 文化交流项目的推动

跨文化交流项目是提升文化教学效果的重要方式。在汉语国际教育中，可组织学习者与母语者开展语言文化交流，使他们在真实的交际环境中运用所学语言，并在互动中深化对中华文化的理解。高校、汉语教学机构和文化组织可以通过国际文化交流项目、短期语言沉浸课程等方式，推动学习者在跨文化交流环境中体验中华文化。

3. 线上线下结合的文化传播

随着数字技术的发展，线上文化资源利用成为汉语国际教育的重要补充。通过网络课程、虚拟文化展览、线上论坛等方式，可以为学习者提供更多文化学习资源，使他们能够随时随地接触中华文化内容。线上线下相结合的文化教学方式，使文化学习更加灵活，也为全球汉语学习者创造了更加便捷的学习途径。

汉语国际教育中的文化教学内容涵盖教材编写、课堂教学、课外活动三个方面，它们共同构建了完整的文化教学体系。在教材中融入中华文化元素，使文化学习成为语言学习的有机组成部分；在课堂教学中加强文化知识的传授，使文化内容与语言教学相结合；在课外活动中拓展文化体验，助力学习者在真实情境中加深对文化的理解。这些教学内容的合理设计和有效实施，不仅提升了汉语国际教育的质量，也推动了中华文化在全球的传播与认同。

二、中华优秀传统文化在汉语课程中的呈现方式

中华优秀传统文化在汉语国际教育中不只是背景知识的传授对象，更是提

升学习者语言理解力、跨文化交际能力的重要载体。有效地在汉语课程中呈现中华文化，使学习者在掌握语言知识的同时深入理解中华文化的价值观、思维方式和社会规范，对推动汉语国际传播、增强中华文化全球影响力至关重要。当前，汉语国际教育不断创新文化教学模式，以更科学、系统的方式整合中华文化元素，使其在汉语课程中的呈现更加生动、立体、互动。课程内容的设计、教学方法的创新以及多媒体技术的应用，共同构成了文化教学的现代化发展路径。

（一）中华文化主题课程设计

在汉语国际教育体系中，中华文化主题课程设计是实现语言教学与文化传播深度融合的重要方式。通过系统性规划，将中华优秀传统文化纳入汉语课程体系，使学习者在语言学习的过程中，逐步深入理解中华文化的核心理念、价值观念和社会行为规范。

1. 文化主题的系统化整合

汉语课程应依据学习者的语言水平和文化认知能力，合理规划文化主题内容，使文化学习与语言习得同步推进。在初级阶段，课程可侧重于日常文化习俗，如传统节日、社交礼仪、家庭关系等，以帮助学习者在日常交流中掌握基础文化知识。随着学习者语言能力的提升，课程可逐步引入中国古典文学、哲学思想、历史文化等深层次内容，使学习者在语言学习过程中逐步提升文化素养。

2. 文化主题的多元化呈现

中华文化体系丰富多元，涵盖哲学、艺术、民俗、科技、医学等诸多领域。在课程设计中，应避免单一化的文化教学模式，结合不同主题，构建多层次、多角度的文化教学体系。例如，可以从历史演变的角度介绍汉字的发展，从生活方式的角度讲解茶文化，从艺术欣赏的角度探索书法与绘画的文化意义，让学习者在不同文化领域中拓展汉语应用能力。

3. 文化主题课程的互动性

在汉语国际教育课堂中，仅靠知识讲授难以让学习者真正理解中华文化。因此，课程设计需要增加互动环节，使学习者能够在实践中体验和理解文化内容。教师可以引导学习者进行小组讨论、角色扮演、文化情景模拟等活动，使他们在语言交流的过程中自然地接触和运用中华文化元素。此外，引入跨文化对比分析，引导学习者将目标文化与本土文化进行比较，加深对中华文化的理解，并提高文化适应能力。

（二）文化体验式教学法的应用

文化体验式教学法是一种强调学习者在真实语境中接触文化、理解文化并加以实践的教学方法。这种方法突破了传统语言教学以知识传授为主的模式，让学习者通过参与、互动的方式，沉浸于中华文化的真实体验中，从而提升语言学习效果和文化适应能力。

1. 文化沉浸式学习环境

文化体验式教学法的核心在于营造沉浸式的学习环境，使学习者在语言学习过程中真正融入中华文化。例如，可以通过模拟现实场景，使学习者在真实的文化环境中进行语言交流，如安排茶艺体验、传统节日活动、戏曲欣赏等，使他们在实践中理解文化的社会功能和语言的文化内涵。这种方式能够增强学习者的文化感知能力，使语言学习不再停留在课本上，而是与真实生活紧密结合。

2. 任务型学习与文化互动

任务型学习是体验式教学法的重要组成部分，教师可以设定特定的文化任务，让学习者在完成任务的过程中学习和运用语言。例如，设定学习者在中国餐馆点餐、在市场购物、参加家庭聚会等真实情境，使他们在执行任务的过程中，感受汉语在不同文化环境中的应用方式。任务型学习不仅能够提高学习者的语言交际能力，还能让他们在完成任务的过程中深刻理解中华文化的细节。

3. 文化体验与情感投入

文化体验式教学法重视学习者的情感参与，让他们通过亲身体验建立对中华文化的认同感。文化教学不仅仅是知识的输入，还需要引发学习者的情感认同，使他们愿意主动了解、适应并接受中华文化。通过组织文化旅行、参观历史遗址、参与传统手工艺制作等活动，学习者能够在情感上产生共鸣，增强文化学习的效果。

（三）多媒体技术在文化教学中的作用

现代信息技术的发展，使多媒体技术在汉语国际教育中的应用越来越广泛。多媒体技术不仅丰富了文化教学的形式，还提升了文化传播的互动性和趣味性，使学习者能够更直观、形象地理解中华文化。

1. 数字资源的文化信息呈现

多媒体技术能够整合文本、图像、音频、视频等多种媒介，将文化信息以更加直观、生动的方式呈现出来。在文化教学中，教师可以利用数字资源，如历史纪录片、汉字演变动画、传统工艺视频等，使学习者能够直观感受中华文化的发展历程。同时，虚拟现实（VR）和增强现实（AR）技术的应用，使学习者能够沉浸式体验传统文化场景，如故宫游览、古代市集模拟等，提高文化教学的真实感。

2. 交互式文化学习平台

现代多媒体技术的发展，让文化教学不再局限于课堂，在线学习平台、移动应用、人工智能助手等为文化教学提供了更加灵活的学习方式。学习者可以通过在线汉语学习平台，观看文化课程、参与在线讨论、完成文化测试等，使他们能够在课堂之外继续深入学习中华文化。此外，人工智能技术的引入，使得学习者可以通过语音交互、智能问答等方式，获得个性化的文化学习体验。

3. 游戏化教学与文化互动

游戏化教学是一种将文化内容融入互动游戏的教学方式，通过寓教于乐，提高学习者的文化学习兴趣。教师可以设计基于中华文化的互动游戏，如文化知识问答、汉字拼图、成语接龙等，使学习者在轻松愉悦的氛围中加深对中华文化的理解。游戏化教学不仅能够提高学习者的学习动力，还能够增强他们对中华文化的长期记忆和实践能力。

在汉语国际教育中，中华优秀传统文化的呈现方式直接影响学习者的文化认知深度和学习兴趣。传统文化主题课程设计搭建起系统性的文化知识框架，使

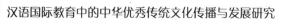

文化教学能够按照科学的体系展开；文化体验式教学法增强了学习者的实践能力，使他们在真实情境中掌握文化内容；多媒体技术的应用丰富了文化教学的形式，使文化传播更加生动、互动性更强。这些方式的有机结合，使中华文化在汉语课程中得以更有效地传播，提升学习者的文化认同感和跨文化交际能力。

第二章 汉语国际教育中的中华优秀传统文化传播路径

第一节 中华优秀传统文化在汉语教材中的呈现方式

一、汉语教材中的中华文化编写理念

在全球化进程加速的当下，汉语国际教育肩负着传播中华优秀传统文化、促进多元文化交流的重任。汉语教材作为教学的核心载体，其编写理念对中华文化的有效传播至关重要。合理的编写理念不仅能使教材内容丰富、科学，更能提升教材在不同文化背景下的适应性与吸引力。

（一）中华文化融入教材的基本原则

中华优秀传统文化融入汉语国际教育教材，应遵循科学性、系统性和适应性的基本原则。这些原则不仅直接影响中华文化国际传播的质量，更关乎全球学习者对中华文化的接受度与理解程度。

1. 科学性原则

科学性原则要求教材在融入中华文化内容时，要以真实、客观和准确的文化事实为基础。这意味着教材的文化内容必须建立在权威研究成果之上，以现代文化传播理论为指导，避免简单化和刻板印象式的呈现。具体而言，教材应当参考权威性的中华文化研究报告和国际汉语教学标准，使文化内容的表述精准而严谨，确保学习者接触到科学、客观而富有时代性的文化信息。

2. 系统性原则

系统性原则强调文化内容在教材中的整体布局和内在逻辑。中华文化内容应构建清晰的体系架构，呈现严密的逻辑层次，从浅入深、循序渐进地展开，助力学生建立完整的文化认知结构。这种系统性体现在横向文化主题的清晰分类、纵向内容的难度递进以及文化知识之间的有机联系上，确保学习者的文化习得过程有序且连续。此外，教材还应注重不同层次之间的衔接和过渡，避免文化内容的重复和遗漏，形成一条贯穿初、中、高级不同层次的有机文化脉络。

3. 适应性原则

适应性原则则体现为对国际汉语学习者多样化背景的深入考量。中华优秀传统文化的国际传播并非单向的文化灌输，而是跨文化交流与互动的过程。因此，教材设计应充分考虑目标学习者的文化背景、学习需求和心理特点。教材应具备一定的文化弹性，提供多样化的文化视角，兼顾普遍性与特殊性，契合目标学习群体的文化接受心理和认知习惯，营造跨文化交流的良好氛围。在此过程中，教材不仅要体现中华文化的丰富性，更要提供充足的跨文化思考空间，培养学习者跨文化交际的敏感性与能力。

4. 开放性和现代性原则

教材应注意文化内容的开放包容，体现中华文化与世界文化的兼收并蓄，避免封闭式、狭隘式的文化传播模式。同时，要着眼于全球化时代的发展趋势，体现文化内容的时代性和现代意义，以回应全球汉语学习者日益复杂的学习需求和文化关注点。

（二）文化内容选取标准与呈现方式

1. 文化内容选取标准

在汉语国际教育背景下，中华优秀传统文化的内容选取必须遵循科学性、适应性与系统性相结合的标准，以确保文化传播的有效性和可持续性。这一标准不仅要求所选内容能够全面反映中华文化的核心价值观，还应符合不同层次汉语学习者的认知特点和文化接受能力。

（1）文化核心价值导向

文化内容的选取应围绕中华文化的核心价值展开，确保教材能够准确传递中国社会的价值观念，如和谐、仁爱、明礼、诚信等。在文化传播过程中，应突出中华文化的普世意义，使其能够跨越地域限制，为全球学习者提供有价值的文化理解。

（2）语言学习与文化学习的兼容性

汉语教材在文化内容的选取上应兼顾语言学习与文化认知的平衡，确保所传递的文化信息既能拓宽学习者的文化视野，又不会因文化内容的过于复杂或生僻而干扰语言学习的主线。文化选取应符合各语言学习阶段的特点，初级阶段以日常生活文化为主，中级阶段引入社会文化，高级阶段则侧重文化思辨与跨文化对话能力。

（3）国际学习者的文化接受度

文化内容的选取应充分考虑国际学习者的文化背景和接受能力，摒弃单向灌输式的文化输入模式，强调文化的交互性和包容性。在内容编排上，应关注不同文化群体的兴趣点，增强文化的可理解性和可接受性，降低文化冲突发生的可能性。

（4）文化的代表性与时代性

文化内容应涵盖中华文化的经典元素，同时兼顾现代文化的发展，使学习者既能了解传统文化的深厚底蕴，又能理解当代中国社会的文化现象。这一标准要求文化选取既要具有历史积淀，又要符合当代国际社会对中国文化的关注点，使文化传播更具现实意义。

2. 文化内容的呈现方式

文化内容的呈现方式直接影响学习者对中华文化的理解与认同，因此，教材在呈现文化内容时应注重多样性、互动性和情境化，使文化学习成为一种深度体验，而非单纯的知识灌输。

（1）语言情境与文化结合的呈现方式

在语言学习过程中，文化内容的呈现应与具体语言情境紧密结合，使学习者在学习语言的同时，自然地接触和理解文化。例如，通过交际场景对话、任务式教学等方式，将文化学习融入语言运用之中，让学习者在真实语境中感受文化内涵。

（2）多模态与互动化的文化呈现

教材应借助多种呈现手段，如图片、音频、视频及数字化资源，使文化内容更加生动直观。在现代教育技术的支持下，虚拟现实和增强现实技术的应用可增强文化体验，使学习者能"沉浸式"感受中国文化。此外，互动性强的学习任务，如文化主题讨论、角色扮演等，也能提高文化学习的趣味性和参与度。

（3）层次递进式文化信息的呈现方式

教材中的文化内容应遵循由浅入深、循序渐进的原则，在不同学习阶段逐步加深学习者的文化认知。初级教材侧重日常生活中的文化要素，如节日、饮食、礼仪等；中级教材扩展至社会文化，如传统价值观、历史故事、民俗习惯等；高级教材则强化文化思辨，如比较不同文化价值观、探讨中国文化的国际影响力等。

（4）文化比较与跨文化交际视角的应用

文化内容的呈现应鼓励学习者在比较中理解文化，增强跨文化交际能力。教材可以通过中外文化对比，帮助学习者建立文化联结点，提升他们对中华文化的认同感。例如，在教材设计时，可通过文化案例分析，探讨中国传统观念在当代社会的变迁，促进跨文化理解。

（5）文化的动态更新与时代融合

随着全球化发展，中华文化的传播不能局限于传统内容，而应关注文化的动态发展。在教材呈现方式上，要及时融入新时代的文化元素，如中国科技成就、文化创意产业等，使学习者能够看到中华文化在现代社会中的活力和创新。这不仅有助于提高学习者对中国文化的兴趣，也能增强中华文化的全球影响力。

（三）不同文化背景学生的需求分析

在汉语国际教育背景下，不同文化背景的学习者在接受中华文化时呈现出多样化的需求特征。这种需求不仅受语言能力的影响，还受到学习者母语文化、社会环境、教育体系及个人认知模式的制约。因此，在汉语教材的编写过程中，必须充分考量学习者的文化需求，确保文化内容既能满足其学习兴趣，又能有效地促进其文化理解与跨文化交际能力的提升。

1. 不同文化背景对文化学习需求的影响

（1）母语文化与目标文化的距离

学习者的母语文化与中华文化的相似性或差异性直接影响其文化学习需求。来自东亚文化圈的学习者由于共享部分文化元素，对中华文化的接受度较高，更倾向于深入探究文化异同及其演变过程。而来自西方文化背景的学习者则需要更系统的文化导入，以降低文化理解的难度，并帮助其在对比中建立文化认知框架。

（2）文化适应与跨文化交际能力

不同文化背景的学习者对中华文化的适应能力存在较大差异。部分学习者可能出于个人兴趣或职业需求希望快速掌握文化知识，而另一些学习者则更关注文化在实际交际中的应用。因此，教材应提供多元文化情境，既能满足知识型学习者的需求，也能帮助实践型学习者在具体交际场合中理解和运用文化知识。

（3）价值观念与文化身份认同

不同文化体系对价值观念的理解存在显著差异，直接影响学习者对中华文化的接受程度。部分有东方文化背景的学习者对中华文化里集体主义、尊重权威、礼仪规范等概念较为熟悉，而来自其他文化背景的学习者可能更倾向于强调个体独立、民主讨论等价值观。因此，教材应在内容选择和呈现方式上兼顾不同文化群体的价值取向，使学习者能够在文化理解的过程中保持开放态度，进而建立对中华文化的积极认知。

2. 不同类型学习者的需求特征

（1）留学生与本土汉语学习者的需求差异

留学生通常身处中国文化环境之中，对文化的学习需求更具实践导向。他们关注如何在真实语境中运用文化知识，如社交礼仪、职场交际、学术交流等。本土汉语学习者则可能因缺乏文化环境而更依赖教材获取系统化的文化信息，因此教材需要在文化知识的组织上更加清晰，增强文化内容的可操作性和体验感。

（2）儿童与成人学习者的需求差异

儿童学习者的文化需求侧重于直观、形象的文化体验，教材应通过故事、图像、游戏等方式增强文化吸引力。成人学习者则更关注文化的理论性、历史背景及其在现代社会中的延续，因此教材需要提供更深入的文化分析，并结合现实案例来增强文化学习的现实感和实用性。

（3）专业学习者与一般学习者的需求差异

部分学习者因学术或职业发展需求，需要深入研究中华文化，如汉学研究者、国际汉语教师等。他们的学习需求不仅包括基本的文化认知，还涉及文化理论、历史发展及其全球传播情况。一般学习者则更倾向于了解文化的基础内容，并希望通过文化学习提升汉语表达能力。因此，教材应在文化内容的深度与广度上进行分层设计，以满足不同层次学习者的需求。

3. 不同文化需求的教材编写策略

（1）文化内容的模块化设计

针对不同学习群体的需求，教材应采用模块化设计，将文化内容分为基础文化知识、应用型文化知识和深入研究型文化知识三大类，使学习者能够根据自身需求选择合适的文化学习内容。这种方式既能满足零基础学习者的入门需求，也能为高级学习者提供深度探索的空间。

（2）文化内容的多样化呈现

教材应融合多模态教学资源，如音视频、虚拟现实技术、互动练习等，实现文化内容的多维呈现，以适应不同文化背景学习者的认知特点。同时，通过文化故事、案例分析、文化访谈等形式，使学习者能够在真实语境中理解和运用文化知识。

（3）文化知识的渐进式构建

教材应遵循文化学习的渐进式原则，为不同阶段的学习者提供适合的文化知识。初级阶段应注重文化的日常应用性，中级阶段应增加对社会文化及文化价值观的引导，高级阶段则应鼓励学习者进行文化思辨和跨文化交流，使文化学习成为促进全球文化理解的重要途径。

（4）文化教学的互动性与实践性

教材应鼓励学习者在文化学习过程中进行实际交流和互动，如组织跨文化讨论、文化体验活动、国际文化交流等，使学习者能够在真实语境中体验和理解中华文化。这种方式不仅有助于提升学习者的文化适应能力，还能增进不同文化背景学习者之间的理解与尊重。

在汉语国际教育背景下，教材的编写需充分考虑不同文化背景学习者的需求，通过科学合理的编写策略确保中华文化的有效传播。

二、不同层级汉语教材中的文化呈现

在汉语国际教育体系中，汉语教材不仅是语言学习的核心载体，也是中华优秀传统文化传播的重要媒介。不同层级的汉语教材在文化内容的选取、组织及呈现方式上应体现梯度递进的特征，以契合不同语言水平学习者的认知能力与文化接受需求。文化内容的编排需依据学习者的语言发展阶段，从基础文化认知到文化深入理解，再到开展文化思辨训练，实现从感知到理解再到应用的渐进式文化学习目标。

（一）初级汉语教材中的文化要素设计

初级汉语学习者处于语言输入的早期阶段，对汉语语音、词汇及基本语法规则的掌握尚不成熟。因此，文化内容的设计应符合语言学习初级阶段的特点，以增强学习者对文化的感知和兴趣，避免因文化信息过于繁杂而加重其认知负担。

1. 文化内容的基础性

初级汉语教材中的文化要素主要围绕日常生活相关内容展开，注重基础文化知识的输入，使学习者在掌握基础语言能力的同时，自然习得相关文化背景。文化内容应符合初学者的认知发展规律，具备较高的直观性和可理解性，以便学习者通过简单的语言结构理解文化信息。

2. 文化呈现的情境化

初级教材中的文化呈现方式应尽量与学习者的实际交际需求相结合，使文化学习与语言学习同步进行。教材可通过具体的交际场景，将文化信息融入日常对话、问候、称谓、饮食、节庆等话题中，使文化学习在真实语境中展开。同时，运用图像、短文、互动练习等多种方式，增强学习者对文化内容的理解与记忆。

3. 文化学习的兴趣导向

初级阶段的文化教学应具有较强的趣味性，以激发学习者的文化兴趣并增强其学习动机。文化要素的选取应符合学习者的认知特点，使其能够在轻松的学习氛围中理解和接受中华文化。此外，教材应避免过多的文化理论阐述，以生活化的方式呈现文化知识，使学习者在潜移默化中建立对中华文化的初步认知。

（二）中级汉语教材中的文化深入拓展

中级汉语学习者已经具备一定的语言基础，能够理解较为复杂的句法结构并进行基本的语言表达。因此，教材的文化内容可以在初级阶段的基础上进一步拓展，增加文化信息的广度与深度，使学习者在提升语言能力的同时，逐步加深对中华文化的理解。

1. 文化内容的拓展性

中级汉语教材的文化内容应涵盖更广泛的社会文化现象，如家庭观念、传统伦理、历史故事、风俗习惯等。学习者在语言能力逐步提升的过程中，通过更丰富的文化内容，增强其对中国社会生活及文化体系的认知。这一阶段的文化内容选取应注重社会代表性和典型性，帮助学习者更系统地理解中华文化的核心要素。

2. 文化呈现的系统性

中级阶段的文化教学应以系统化的方式展开，在文化主题的组织上应具有逻辑性，使学习者能够通过文化现象理解文化背后的价值观念和社会结构。教材应以专题化的形式呈现文化内容，使学习者在学习过程中能够建立起文化之间的联系，形成较为完整的文化知识体系。

3. 文化对比与跨文化思维

中级阶段的学习者已具备一定的跨文化认知能力，因此，教材中的文化内容可适当加入中外文化对比的元素，帮助学习者在文化对比中深化对中华文化的理解。这一阶段的文化学习不仅要关注文化本身，还应引导学习者思考文化差异产生的原因以及文化如何影响社会行为和思维方式。通过跨文化视角，增强学习者对中华文化的理解与接受度，并培养其跨文化交际能力。

（三）高级汉语教材中的文化思辨训练

高级汉语学习者已经具备较强的语言能力，能够理解复杂语境中的语言信息并进行深入的语言交流。因此，高级汉语教材在文化内容的选择上应更具深度和广度，助力学习者在文化学习中形成自主思辨能力，并运用文化知识进行跨文化交流。

1. 文化内容的学术性

高级汉语教材应涵盖中华文化的深层次内容，如哲学思想、社会制度、文学艺术等，使学习者能够深入探讨中华文化的精髓。这一阶段的文化内容应具有较强的学术性，使学习者能够结合文化理论进行批判性思考，形成对中华文化的独立见解。

2. 文化讨论与批判性思维培养

高级阶段的文化教学应注重培养学习者的批判性思维，使其在文化学习过程中进行深层次的思考和分析。教材应设置开放性的问题，鼓励学习者在课堂上开展文化讨论，探讨文化现象背后的社会背景及其现实意义。此外，文化学习应鼓励多元观点的表达，使学习者在文化讨论中锻炼逻辑思维能力，并形成对中华文化的理性认知。

3. 文化的国际化与现实关联

高级阶段的文化教学应关注中华文化在全球化背景下的发展，使学习者理解中华文化的现代演变及其在国际社会的影响。教材应引导学习者关注国际社会对中华文化的理解与评价，使其在文化学习的过程中培养跨文化沟通能力。

在不同层级的汉语教材中，文化呈现应根据学习者的语言水平和认知能力进行分层设计，以确保文化内容的有效传递。初级阶段应以文化感知为主，中级阶段应侧重文化理解，高级阶段则应培养学习者的文化思辨能力与跨文化交际能力。通过科学合理的文化内容编排，推动中华优秀传统文化在汉语国际教育中实现有效传播，提升学习者对中华文化的认同感和理解力。

三、教材内容中的中华文化主题分类

汉语教材不仅是语言学习的工具，更是中华优秀传统文化传播的重要载体。在国际汉语教育背景下，文化内容的系统化编排有助于学习者构建完整的中华文化认知框架。文化主题的分类既要涵盖中华文化的核心价值，又要兼顾不同文化背景学习者的认知特点。基于中华文化的主要构成要素，教材的文化主题可划分为传统思想与价值观、历史典故与文学作品、民俗节庆与生活习惯、中华传统艺术与非物质文化遗产四大类。这种分类体系不仅有助于文化内容的系统呈现，还能提高学习者对中华文化的深度理解，助力他们在语言学习中逐步形成文化认知、文化理解、文化认同的阶梯式学习模式。

（一）传统思想与价值观

中华传统思想与价值观是中华文化的核心组成部分，贯穿于社会结构、道德规范、伦理体系及日常行为模式，对中国社会的发展产生了深远影响。教材在文化内容的选取上，应确保学习者能够系统理解中华思想体系中的核心价值，并通过语言学习掌握这些价值观念在不同语境下的表达方式。儒家思想是中华文化的主流意识形态之一，其"仁、义、礼、智、信"理念塑造了中国社会的基本道德体系，影响着中国人的思维方式、社会交往乃至政治制度。道家思想强调"道法自然""无为而治"，其哲学理念在中国人的行为准则、养生方式以及对世界的认知中占据重要地位。佛家思想则强调因果报应、超脱生死，这些观念渗透到中国人的信仰体系之中。教材编写时，应结合具体的语言表达，让学习者理解这些思想体系如何影响中国人的价值观念和社会行为，并探索其与其他文化体系之间的异同。

除了思想体系，中华文化中的传统价值观也是教材的重要组成部分。家国情怀、集体主义、尊师重道等观念长期影响着中国人的社会行为和文化心理。例如，家族观念在中国社会中占据核心地位，注重家庭责任与长幼有序的社会关系，这一价值观影响着人们的职业选择、经济模式乃至教育理念。教材需要结合现代社会情境，帮助学习者理解这些价值观如何在当代社会中延续和演变。此外，通过对比分析中外价值观，教材可以引导学习者在跨文化交际中建立文化理解力和包容性，从而促进跨文化沟通的顺畅进行。

（二）历史典故与文学作品

中华文化的形成与发展离不开丰富的历史积淀和文学传统。历史典故是中华文化的重要组成部分，反映了中国古代社会的政治制度、道德观念和文化心理，许多成语、谚语和习语都源自历史故事，并成为汉语表达中的固定用法。教材在选取历史典故时，应注重其文化代表性，并结合语言教学，使学习者在理解语言表达方式的同时，掌握这些典故所承载的历史文化内涵。例如，历史典故往往涉及中华民族的重要历史事件、人物事迹及哲学思想，学习这些典故不仅有助于学习者提升汉语表达能力，还能够帮助他们深入了解中华文化的历史脉络。

文学作品是中华文化的重要承载体，其内容涵盖古典文学、近现代文学及当代文学多个领域，反映了不同时期的社会文化特色和审美取向。教材在选择文学作品时，需要兼顾作品的语言价值与文化价值，让学习者既能通过文学文本提升汉语阅读能力，又能在文学作品的背景解读中领会中华文化的精髓。古典诗词以其独特的语言形式和意象表达方式，在汉语教材中占据重要地位，能够培养学习者的语言审美能力；散文与小说则展现了不同历史阶段的社会风貌，使学习者能够通过文本分析理解中国社会的发展脉络。此外，教材还可以引导学习者从跨文化视角对比中外文学，探讨不同文化体系中的文学特色，增强他们的跨文化思辨能力。

（三）民俗节庆与生活习惯

民俗文化是中华文化的重要组成部分，涵盖了节庆活动、礼仪习俗、饮食文化、婚丧嫁娶等多个方面，直接影响着人们的日常生活方式和社会交往模式。不同文化背景的学习者对民俗文化的认知存在差异，因此教材在设计文化内容时，应确保其具有较高的可理解性，并能够与学习者的实际生活经验相契合。节庆文化蕴含了丰富的历史文化内涵，是中华文化传播的重要载体。教材在介绍中国传统节日时，应阐释节日的历史背景、文化意义及其在现代社会中的传承方式，使学习者能够在了解节日习俗的同时，掌握节庆文化背后的社会价值观。

生活习惯的文化内容涉及饮食、社交礼仪、家庭结构等多个方面，这些文化特征反映了中国人的生活方式及其背后的文化心理。例如，中国人注重餐桌礼仪，推崇尊老敬贤，强调"食不言、寝不语"，这些文化规范深刻影响着中国人的社交行为。教材应通过多种呈现方式，如对话、短文、任务型活动等，使学习者在学习语言的同时，自然地理解这些文化特征。此外，鉴于民俗文化在现代社会中不断演变，教材应结合时代发展，呈现民俗文化的现代化变迁，助力学习者理解中华文化的动态发展，培养他们对中华文化的创新理解力。

（四）中华传统艺术与非物质文化遗产

中华传统艺术与非物质文化遗产是中华文化的重要象征，涵盖了书法、绘画、戏曲、工艺美术等多个领域。书法作为中华文化的独特艺术形式，不仅是一种书写技能，还承载着中华文化的哲学理念和美学观念。教材在介绍书法文化时，应结合历史背景、书法流派、书写技法等内容，帮助学习者理解书法艺术的文化内涵，培养他们的汉字书写能力。绘画艺术则通过山水画、花鸟画等形式展现中华文化的自然观与审美情趣，教材可利用图像、视频等多媒体手段，使学习者能够直观感受传统艺术的魅力。

非物质文化遗产作为中华文化的重要组成部分，在全球化进程中面临着保护与传承的挑战。教材在介绍非物质文化遗产时，应关注其历史渊源、技艺特点及现代社会中的传承现状，使学习者能够理解文化遗产的价值，增强他们对中华文化保护与发展的责任感。此外，非物质文化遗产的国际传播也是教材内容的重要部分，教材可结合国际文化交流案例，使学习者认识到中华文化的全球影响力，培养他们对中华优秀传统文化的信心。

在汉语国际教育中，教材的文化主题分类应体现系统性、层次性和适应性，以满足不同文化背景学习者的需求，推动中华优秀传统文化的国际传播。

第二节　汉语教育课堂教学中的中华文化传播路径

一、课堂教学中中华文化的渗透方式

汉语课堂教学不仅是语言传授的场所，更是中华文化传播的重要阵地。在汉语国际教育中，文化的传播方式直接影响学习者对中华文化的理解与接受度。课堂教学中的文化渗透应遵循科学性、渐进性和互动性原则，确保学习者在语言学习过程中自然习得中华文化，避免因文化输入过多或方式生硬而引发文化冲突或认知障碍。在文化渗透过程中，不同的教学策略可以相互配合，以适应不同文化背景学习者的需求，并在不同层次的汉语课堂中发挥作用。课堂文化渗透的主要方式包括直接讲授与文化知识传递、隐性渗透与文化情境体验、互动式文化教学活动、任务型文化教学法的应用以及角色扮演与戏剧表演等。

（一）直接讲授与文化知识传递

直接讲授是课堂教学中最常见的文化传播方式，教师通过语言输入系统讲解文化知识，使学习者能够快速获取中华文化的基本信息。这种方式具有信息传递效率高、内容系统性强的特点，适用于介绍中华文化的核心概念、历史背景、思想体系等内容。在汉语国际教育的课堂中，教师通常会结合教学目标，对中华文化的某些方面展开专门讲授，使学习者能够在短时间内掌握较为全面的文化知识，为后续深入学习奠定基础。

直接讲授在文化传播中的有效性取决于内容的选择、教学的组织方式以及学习者的接受能力。文化内容的选取应符合学习者的认知水平和兴趣点，避免过度依赖理论性强或晦涩难懂的文化概念，防止学习者因理解困难而失去学习兴趣。在教学组织方式上，可以采用提问引导、主题式讲授、案例分析等方法，使文化知识的传递更具层次感和逻辑性。此外，为了增强文化讲授效果，教师可以借助多媒体资源，如图片、视频、历史文献等，提升文化讲授的直观性和生动性，使学习者能够更好地理解文化内涵。

（二）隐性渗透与文化情境体验

隐性文化渗透是指在语言教学过程中，通过教学语言、课堂用语、文化暗示等方式，使学习者在潜移默化中接受中华文化。这种方式能够使文化的学习过程更加自然，降低文化输入的刻意性，使学习者在语言学习过程中自然而然地理解文化现象，提高对文化信息的敏感度。

教师在课堂中使用的语言表达方式、习惯用语、语调及课堂互动方式，都会影响学习者对中华文化的认知。例如，在课堂组织中，教师可以采用符合中华文化习惯的称谓和礼貌用语，使学习者在无形中接受中国人际交往的文化模式。此外，汉语课堂上的文化氛围也是隐性文化传播的重要组成部分。教室的布置、教材的文化元素、课堂讨论的主题等，都会对学习者的文化接受产生作用。例如，在学习汉语成语时，可以在黑板或教室布置相关文化背景材料，使学习者在环境熏陶下增强文化认知。

文化情境体验也是隐性文化渗透的重要方式之一。通过模拟现实生活中的文化场景，使学习者在特定语境中理解文化现象，从而提升文化适应能力。例如，在学习餐饮相关词汇时，可以营造中国餐厅的文化情境，让学习者在"沉浸式"环境中学习汉语表达，体验中国人的饮食文化。这种方式能够增强文化学习的真实感和趣味性，使文化的输入更具实践意义。

（三）互动式文化教学活动

互动式教学活动是文化渗透的重要方式之一，通过教师与学习者、学习者之间的互动，文化学习过程变得更加生动、有趣，并增强学习者的参与感。文化学习不仅仅是知识的积累，更是文化交流能力的培养，互动式教学能够有效提升学习者对文化知识的理解与应用能力，使他们在实际交际中运用所学文化知识，提高跨文化沟通能力。

课堂上的互动式文化活动可以包括文化讨论、小组合作学习、文化知识竞赛、文化体验项目等。通过这些活动，学习者能够在交流与合作中加深对文化的理解，并通过文化表达的实践增强文化适应能力。例如，在文化讨论环节，教师可以引导学习者围绕特定的文化主题展开交流，在比较、分析和思考的过程中理解文化的多样性，并培养他们对中华文化的批判性思维。

互动式文化教学的优势在于，能够有效激发学习者的学习兴趣，使文化知识的输入更加轻松自然，并促进学习者的语言运用能力与文化认知能力的同步提升。在组织互动式文化教学活动时，教师应充分考虑学习者的文化背景和个性差异，确保活动内容既具有文化深度，又能够引起学习者的兴趣和共鸣。

（四）任务型文化教学法的应用

任务型教学法是一种强调学习者自主探索和实践的教学方法，通过设计特定的任务，使学习者在完成任务的过程中自然习得文化知识。这种教学方法注重学习的真实性和情境性，使学习者能够在模拟或现实的文化情境中运用语言交际，并在解决实际问题中体验中华文化。

任务型文化教学的实施需要明确的学习目标和任务设计，使学习者在完成任务的过程中不仅能够提升语言能力，还能深入理解文化内容。任务设计应结合学习者的认知水平和语言能力，确保任务既具有挑战性，又能够激发学习者的学习兴趣。例如，通过文化探究、文化调查、文化报告等方式，使学习者在实践中感受中华文化的魅力，培养独立思考和解决问题的能力。

任务型文化教学的优势在于，让文化学习更加贴近现实，使学习者在文化情境中进行自主学习和探索，提高他们的文化理解能力和跨文化交际能力。此外，这种教学方法还能够增强学习者的团队合作精神和沟通能力，促使他们在协作中学习文化，并通过互动与反馈不断完善自身文化知识体系。

（五）文化教学中的角色扮演与戏剧表演

角色扮演与戏剧表演是一种高度互动的文化教学方式，通过让学习者扮演不同的文化角色，使他们在实践中体验中华文化的社会规范、价值观念和交际方式。戏剧表演具有情境化、体验式和互动性的特点，能够有效提高学习者的文化理解能力和语言运用能力，使他们在沉浸式的文化体验中学习和掌握中华文化。

角色扮演和戏剧表演的实施需要精心的教学设计，使学习者能够在特定的文化情境中进行真实的语言交流和文化体验。例如，教师可以设计不同的文化情境，如传统节日、社交礼仪、商业谈判等，让学习者在表演过程中运用所学文化知识，并通过情境化的交流深化对文化内容的理解。这种教学方式能够有效培养学习者的跨文化适应能力，使他们在实际交际中更加自信地运用汉语，增强对中华文化的认同感。

二、语言教学与文化教学的融合策略

在汉语国际教育的课堂教学中，语言学习与文化学习具有不可分割的关系。汉语不仅是沟通交流的工具，更是承载中华文化的重要媒介。学习者在掌握汉语语音、词汇、语法等语言知识的同时，也应逐步理解其背后的文化意义。因此，语言教学与文化教学的融合已成为国际汉语教育的重要发展方向。传统的汉语课堂往往侧重于语言知识的传授，而忽视了语言背后的文化逻辑，这种割裂的教学模式容易导致学习者在实际交际中遭遇文化障碍。因此，优化汉语课堂教学，应在词汇、语法、表达训练以及跨文化对比分析等方面，探索语言教学与文化教学的有机融合路径，以提高学习者的文化理解力和跨文化交际能力。

（一）词汇与语法教学中的文化关联

词汇和语法是汉语学习的基础，在教学过程中，词汇的语义、语用以及语法结构往往蕴含着丰富的文化信息。因此，在词汇与语法教学中融入文化要素，能帮助学习者在掌握语言知识的同时，自然地理解其文化背景，提高语言运用的准确性和得体性。

汉语词汇的意义不仅涉及表层的词义，还蕴含着特定的文化象征和价值观念。在教学中，如果单纯地教授词义，而忽略其文化内涵，学习者在实际交际中可能无法准确理解或使用词汇。例如，在人际交往中，某些词汇的使用受文化规范的制约，学习者若不了解其文化背景，可能会产生语用错误或引发误解。因此，词汇教学应结合其文化来源、社会使用习惯以及语境适应性，使学习者能够在文化语境中理解和运用词汇。

汉语的语法结构同样具有文化属性，不同句式的表达方式反映了汉语思维方式的特点。例如，汉语强调话题优先的语法结构，与汉民族的整体性思维方式息息相关。此外，敬辞、谦辞、祈使句的使用规则也与中华文化的礼仪体系密切相关。在语法教学中，教师应结合具体的文化场景，帮助学习者理解语法规则背后的文化逻辑，使其能够在跨文化交流中更自然地运用汉语表达。

（二）汉语表达训练中的文化认知提升

汉语表达能力的提升不仅依赖于语言技能的训练，还需要深入理解中华文化的表达方式和交际规范。在实际交际中，学习者不仅要掌握汉语的语音、词汇和句法，还需要理解语言在不同文化背景下的使用规则，才能实现得体而有效的沟通。因此，在汉语表达训练中融入文化认知的内容，可以帮助学习者在掌握语言技能的同时，提高文化适应能力和跨文化交际能力。

汉语表达训练可以结合文化场景设计，使学习者在模拟交际情境中理解并实践中华文化。例如，不同的社交场合对语言表达的要求不同，正式场合中的称谓、敬辞、谦辞等语言表达方式，与日常交流中的口语表达方式存在明显差异。此外，汉语表达中的语气、言外之意、隐喻等文化因素也影响着话语的实际意义。学习者如果不了解这些文化因素，可能会导致交际误解。因此，教学中应通过文化分析和案例讲解，帮助学习者理解不同表达方式背后的文化逻辑，使其能够在不同场合运用得体的语言表达方式。

汉语表达训练还应注重跨文化交际能力的培养。在全球化背景下，学习者不仅需要掌握汉语的表达技巧，还需要理解中外文化交流中的语言适应策略。例如，不同文化背景下的交流方式存在显著差异，有些文化偏向直接表达，而有些文化则偏向间接表达。在汉语表达训练中，教师可以引导学习者对比不同文化背景下的表达方式，帮助他们在跨文化交际中更好地适应和调整语言策略，提高沟通效果。

（三）跨文化对比分析在课堂中的应用

跨文化对比分析是一种有效的文化教学方法，通过比较不同文化体系中的语言现象、社会习俗、思维方式等，帮助学习者更深入地理解中华文化的独特性，并提升其跨文化交际能力。跨文化对比分析不仅有助于文化知识的学习，还可以增强学习者的文化敏感度，使他们在实际交流中更加自信和灵活。

在汉语课堂教学中，跨文化对比分析可以从语言结构、社会习俗、价值观念等多个维度展开。语言层面的对比分析可以帮助学习者理解不同文化背景下的表达方式。例如，不同语言对相同概念的表达方式可能存在差异，这些差异不仅体现在词汇层面，还涉及语法结构和话语模式。通过对比分析，学习者能够更清晰地认识到汉语表达方式的特点，并提高语言学习的精准度。

社会习俗的对比分析可以帮助学习者理解不同文化背景下的行为规范和交际规则。例如，中西方在礼貌表达、时间观念、空间距离等方面存在显著差异。学习者如果不了解这些文化差异，可能会在实际交际中遇到困难。因此，在课堂教学中，可以采用案例分析、角色扮演、讨论等方式，引导学习者分析和比较不同文化背景下的交际方式，使他们能够在跨文化交流中更好地适应不同文化环境。

价值观念的对比分析可以帮助学习者理解中华文化的深层次特征。例如，中华文化注重集体主义、尊师重道、家庭观念，而西方文化则更倾向于个人主义等观念。通过比较不同文化体系的价值取向，学习者可以更全面地认识中华文化的特点，并在跨文化交流中建立文化包容性，提升适应能力。在课堂教学中，可以通过主题讨论、文化案例研究等方式，鼓励学习者分享自己的文化观点，并在对比分析中深化对中华文化的理解。

汉语国际教育中的语言教学与文化教学融合，是提高学习者语言运用能力和文化理解能力的关键策略。在词汇、语法、表达训练以及跨文化对比分析等方面进行深入探索，有助于构建更加科学、系统的文化教学模式，使学习者在掌握汉语的同时，自然而然地理解并接纳中华文化，增强跨文化交际能力。这一融合策略不仅能提升中华文化的国际传播效果，也能增强学习者的文化适应力，助力他们在全球化背景下更好地运用汉语进行沟通和交流。

三、不同教学模式下的文化传播路径

汉语国际教育中的中华文化传播不仅依赖教材内容的编写和课堂教学的组织方式，还需要结合不同的教学模式，以契合不同学习者的认知特点和文化需求。教学模式的选择不仅影响语言学习的效果，还决定了学习者对中华文化的理解深度与接受程度。在汉语国际教育的发展过程中，传统课堂教学、任务型教学法、探究式学习及基于问题学习（PBL）等模式被广泛应用于文化传播实践。这些模式各具特点，但都致力于丰富学习者的文化体验，提升其跨文化交际能力，并推动中华文化的全球传播。

（一）传统课堂教学中的文化教学方法

传统课堂教学模式是汉语国际教育中最常见的教学方式，通常以教师讲授、教材导学、课堂讨论等形式开展文化传播。该模式具有系统性强、知识结构完整、教学内容可控等优点，使学习者在相对稳定的环境下接受文化输入，并在课堂互动中逐步深化对中华文化的理解。

在传统课堂教学中，文化传播的方式通常包括文化专题讲授、文本分析、案例解析等。这种方式有助于教师系统地梳理中华文化的核心概念，并借助具体的文化实例，帮助学习者逐步掌握文化知识。此外，教师可以结合语境化教学，使文化知识的讲授更加贴近学习者的实际生活，从而提高文化学习的实用性和趣味性。

尽管传统课堂教学在文化传播中具有较高的稳定性和可操作性，但也存在一定的局限性。例如，学习者在接收文化知识的过程中，可能较少参与实践体验，文化学习仅停留在知识层面，难以真正融入文化情境。因此，在实际教学中，需要将传统课堂教学与其他教学模式相结合，增强文化教学的互动性和实践性，使学习者更主动地参与文化学习，并在实践中提升文化认知和跨文化交际能力。

（二）任务型教学法与文化体验的结合

任务型教学法强调学习者在完成具体任务的过程中掌握语言知识和文化信息。这种教学模式将文化学习与任务目标相结合，使学习者能够在实践中感受中华文化，并通过实际操作提升文化理解力和应用能力。在汉语国际教育中，任务型教学法通常被用于文化体验课程，如传统节庆活动模拟、文化探究任务、跨文化交际实践等。

任务型教学法的优势在于，它能够增强文化学习的真实性，使学习者在解决问题的过程中自然地接触和理解文化现象。通过设计贴近实际生活的文化任务，学习者不仅能够学习中华文化的基本知识，还能在实际操作中体验文化的多样性。例如，在任务实施过程中，教师可以引导学习者在特定文化情境下完成语言交际任务，如模拟中国社交礼仪、餐饮文化、节庆活动等，使学习者在沉浸式文化体验中深化对中华文化的认知。

此外，任务型教学法还可以培养学习者的团队协作能力和自主学习能力。通过小组合作完成文化任务，学习者可以在互动交流中相互学习，增进对文化差异的了解，并通过讨论和反馈形成更全面的文化认知。这种方式不仅有助于提升文化教学的互动性，还能提升学习者在多元文化环境中的适应能力，优化他们在跨文化交际中的表现。

（三）探究式学习在文化传播中的应用

探究式学习模式强调学习者通过自主探索和研究来获取知识，并在学习过程中培养批判性思维和创新能力。在汉语国际教育的文化传播过程中，探究式学习可以作为传统课堂教学的补充，以提高学习者文化学习的主动性，并增强其对中华文化的深度理解。

在探究式学习中，教师从知识传授者转变为学习引导者，鼓励学习者通过提出问题、查阅资料、开展文化考察、进行讨论交流等方式，主动探索中华文化的核心内容。这种方式能够使学习者在自主研究的过程中建立对中华文化的个人理解，并运用数据分析、文化比较等方法，深化其文化认知。例如，学习中国古代哲学思想时，学习者自主研究，分析儒家、道家、法家等不同思想体系的核心观念，并通过跨文化对比，探讨这些思想体系对现代社会的影响。

探究式学习模式还可以帮助学习者培养文化批判意识，使其能够在文化学习的过程中形成独立的文化思考能力。在跨文化交际环境中，不同文化背景的学习者可能会对中华文化的某些现象产生不同的理解和评价，探究式学习可以引导学习者通过事实分析、文化案例研究等方式，建立更加客观、全面的文化认知体系。此外，该模式还可以促进学习者对中华文化的创新性理解，使其在文化传播中提出新的观点和见解，从而推动中华文化的全球传播和交流。

（四）PBL 在文化教学中的应用

PBL 是一种以问题为导向的教学模式，强调通过解决实际问题来学习知识和技能。在汉语国际教育的文化教学中，PBL 模式可以帮助学习者在解决问题的过程中理解中华文化的核心内容，提高其在跨文化交际环境中的适应能力和应变能力。

PBL 模式的核心是通过提出具有挑战性的问题，引导学习者进行思考、讨论和探索，并在问题解决的过程中掌握相关的文化知识。在文化教学中，教师可以设计一系列文化问题，如"中华文化如何影响当代中国人的价值观？""中西方社交礼仪的差异及其成因是什么？"等，让学习者在分析和讨论问题的过程中形成对中华文化的深刻理解。

PBL 模式的优势在于，能够培养学习者的批判性思维能力，使其在文化学习过程中主动思考，通过逻辑推理和证据分析形成个人见解。此外，PBL 模式还能够提高学习者的团队合作能力和沟通能力，通过小组讨论、案例研究等方式，使学习者在交流互动中深化对文化的理解，并借助跨文化对比提高文化适应能力。

在实际教学中，PBL 模式还可以与其他教学模式相结合，如任务型教学、探究式学习等，以增强文化学习的多样性和实践性。这种教学方式不仅可以提高学习者的文化认知水平，还可以促进他们在跨文化交际中的灵活性和适应能力，使他们在不同文化环境中自信地运用汉语沟通交流。

在汉语国际教育的课堂教学中，不同教学模式的结合与应用，是推动中华文化全球传播的重要途径。传统课堂教学为文化学习搭建了系统的知识框架，任务型教学法增强了文化学习的实践性，探究式学习培养了学习者的自主学习能力，而 PBL 模式则提高了学习者的批判性思维能力和跨文化交际能力。这些教学模式的有机结合，有助于构建更加科学、高效的文化教学体系，使中华文化在汉语国际教育中发挥更大的影响力，并进一步推动中华文化的国际传播与发展。

第三节　课外文化活动对中华文化传播的促进作用

一、课外文化活动的类型与功能

在汉语国际教育体现中，课外文化活动作为课堂教学的延伸，具有增强文化体验、深化文化理解、提升跨文化交际能力的重要作用。这类活动通过丰富多样的实践形式，使学习者在语言学习的同时深切感受中华文化的独特魅力，并在真实语境中提高语言运用能力。与课堂教学相比，课外文化活动的灵活性更高，可以为学习者提供沉浸式的文化体验，打破单一的知识输入模式，使文化学习更具实践性和互动性。

课外文化活动主要涵盖文化讲座与专题讨论、文化体验工作坊与互动活动、中华文化主题竞赛与展示等形式。这些活动不仅能够提升学习者对中华文化的认知，还能够增强其在跨文化交流中的文化适应力，使中华文化的传播更加广泛和深入。

（一）文化讲座与专题讨论

文化讲座与专题讨论是课外文化活动的重要组成部分，其核心目标是通过系统性、学术性的讲解，使学习者深入理解中华文化的思想体系、历史演变及其在现代社会中的价值。这类活动的优势在于，能够整合专业学者、文化专家、行业人士等多方资源，为学习者提供权威、系统的文化知识，并结合不同文化背景视角，使学习者能够在比较分析中形成对中华文化的深层理解。

文化讲座通常以主题方式展开，涵盖诸如中国传统哲学、文学艺术、社会习俗等内容。通过深入浅出的讲解，帮助学习者建立文化知识框架，并在具体的文化现象中寻找其逻辑联系。这种方式不仅有助于知识输入，还能促使学习者从宏观层面领悟中华文化在全球文化体系中的独特性。此外，文化讲座还可以结合现代社会的发展，对中华文化的当代变迁进行分析，使学习者能够理解传统文化如何在现代社会中得到传承与创新，从而增强对中华文化的现实感知。

　　专题讨论是文化讲座的重要补充，其特点在于强调学习者的参与和思辨能力的培养。在专题讨论环节，学习者可以围绕特定的文化议题交流、辩论，并结合自身文化背景探讨不同文化体系的异同。这种形式不仅能够提高学习者的语言表达能力，还能促进其跨文化理解和沟通能力的提升。在讨论过程中，学习者可以通过观点碰撞深化对文化现象的认知，并在多元文化视角下形成更全面的文化理解体系。

（二）文化体验工作坊与互动活动

　　文化体验工作坊是一种以实践为核心的文化学习方式，通过沉浸式的互动活动，使学习者在亲身参与的过程中感受中华文化的独特魅力。这种方式突破了传统讲授模式的局限，使文化学习更加生动、具体，激发学习者的主动性和创造力。

　　文化体验工作坊通常围绕特定的文化主题展开，涉及书法、绘画、手工艺、传统音乐、舞蹈、戏曲等多种文化艺术形式。在实践过程中，学习者可以通过动手操作、角色扮演等方式，深入体验文化技能的学习过程，并在实践中理解文化背后的价值体系。例如，在书法工作坊中，学习者不仅能够学习汉字的书写技巧，还能了解汉字的发展演变及其在中华文化中的象征意义。此外，通过学习传统工艺，如剪纸、陶艺、刺绣等，学习者能够在感知中华文化的美学特征的同时，理解不同文化形式之间的内在联系。

　　互动活动是在文化体验基础上，进一步增强学习者之间的合作与交流。文化游戏、团队竞赛、文化角色扮演等方式，促使学习者在团队合作中体验文化情境，并在交流互动中深化文化理解。这种形式不仅能够提高文化学习的趣味性，还能在实际应用中锻炼学习者的跨文化沟通能力，使他们能够在不同文化背景下更加自如地表达和理解中华文化。

（三）中华文化主题竞赛与展示

文化竞赛与展示是一种能够激发学习者参与积极性、增强文化传播效果的课外活动形式。通过竞赛，学习者可以在知识挑战、文化创意、团队协作等环节中加深对中华文化的理解，并通过竞争机制提高学习动力。文化展示活动则为学习者提供了文化表达的平台，使他们能够在公开场合分享和传播中华文化，从而进一步提升文化传播的影响力。

文化竞赛的内容可以涵盖中华文化的多个方面，包括历史、文学、艺术、传统习俗等。竞赛形式可以采用知识问答、情景模拟、团队挑战等方式，以考查学习者对文化知识的掌握程度，培养其快速思考和应用能力。这种形式不仅能够激发学习者的竞争意识，还能使其在轻松的氛围中深化文化学习。此外，文化竞赛还可以与语言测试相结合，让学习者在竞赛过程中运用汉语表达，提高其语言综合运用能力。

文化展示活动则更加注重学习者的文化创造力和表达能力，通过展览、表演、短视频制作、数字媒体创作等多种方式，使学习者能够以个性化的方式展示自己对中华文化的理解。这种方式不仅能够增强学习者的文化自信，还能促进中华文化在国际社会的传播。例如，学习者可以通过创作文学作品、绘制中国风艺术作品、制作文化主题短片等方式，向更广泛的受众传递中华文化的内涵。

文化竞赛与展示活动的一个重要特点在于，它们不局限于学习者群体内部交流，还能够向更大范围的社会群体推广中华文化。通过社交媒体、在线直播等途径，这些文化活动的影响力可以进一步扩大，使更多不同文化背景的人群了解和接触中华文化。同时，这种形式的活动还能促进文化传播的双向互动，使学习者在展示中华文化的同时，也能汲取到其他文化的多元养分，从而在跨文化交流中树立更加开放和包容的文化形象。

在汉语国际教育背景下，课外文化活动作为课堂教学的重要补充，具有不可替代的文化传播价值。通过文化讲座与专题讨论，学习者能够建立系统的文化认知；通过文化体验工作坊与互动活动，学习者能够在实践中深化文化理解；通过中华文化主题竞赛与展示，学习者能够提升文化表达能力，并增强文化自信。不同类型的课外文化活动各具特色，能够满足不同层次学习者的需求，并在全球化语境下推动中华文化的国际传播。

二、课外文化活动的实施方式

课外文化活动是汉语国际教育体系中不可或缺的组成部分，其实施方式直接影响中华文化传播的深度和广度。相较于课堂教学，课外文化活动具有更强的灵活性和互动性，能将中华文化的传播拓展至更广泛的社群和国际环境。在实施过程中，需要充分考虑学习者的文化背景、学习目标及所在国的社会文化环境，以确保文化活动能够被有效接受，并在跨文化交际中发挥积极作用。

课外文化活动的实施方式涉及多个层面，包括与学校课程的联动模式、社区文化活动与本土化融合、海外留学生文化交流项目以及基于社交媒体的文化传播。这些方式各具特点，在不同的文化传播场景下发挥作用，并通过相互配合，形成多层次、多渠道的文化传播体系。

（一）与学校课程的联动模式

学校是汉语国际教育的核心场所，因此，将课外文化活动与学校课程紧密结合，能够最大限度地提高文化传播的系统性和连贯性。这种联动模式不仅可以增强文化活动的学术性和规范性，还能使文化传播与语言学习相辅相成，形成语言与文化同步发展的教学模式。

在学校课程体系中，文化传播活动可以作为课程的延伸和补充，使学习者在课堂之外获得更丰富的文化体验。例如，文化主题活动可以结合课程内容展开，使学习者在完成语言学习目标的同时，对相关的文化背景有更深入的认知。此外，文化活动还可以作为课堂教学的实践环节，使学习者通过实际操作或互动体验，加深对课堂所学文化知识的理解。

这种联动模式的实施需要建立完善机制，包括教师的组织协调、活动内容的系统规划以及学习者的参与反馈。通过制订详细的活动计划，可以确保文化活动的内容与课程目标保持一致，并在活动结束后进行学习成果的评估，以提升文化传播的有效性。学校还可以引入外部文化资源，如邀请文化专家、学者或本地汉语教师参与文化讲座、艺术表演等活动，增强文化教学的专业性和多样性。

（二）社区文化活动与本土化融合

社区文化活动是中华文化传播的重要渠道之一，通过与本地社会的深度融合，可以使文化传播更加贴近学习者的实际生活。社区文化活动的核心目标在于打破课堂与社会之间的界限，使中华文化传播不再局限于校园内，而是融入更广阔的社会环境。

这种实施方式的优势在于，它能够促进文化的双向交流，使学习者在与本地社区成员的互动中理解中华文化，同时也能够促进中华文化与其他文化相互影响与融合。例如，汉语学习者可以参与社区内的文化庆典、手工艺展示、传统饮食制作等活动，在实践中学习并体验中华文化。这种活动模式不仅能够增强学习者对中华文化的兴趣，还能通过文化互动提升其跨文化交际能力。

在实际操作中，需要充分考虑本地文化的特点和学习者的兴趣，以确保文化活动的可接受性和吸引力。通过与当地文化组织、非政府组织、社会机构等合作，可以扩大文化传播的影响力，助力中华文化更好地适应本地社会环境。此外，社区文化活动还可以通过志愿服务、文化讲解等形式，使学习者成为文化传播的主体，增强其文化自信，并在文化交流的过程中深化对中华文化的理解。

（三）海外留学生文化交流项目

海外留学生文化交流项目是中华文化传播的重要组成部分，能够为学习者带来沉浸式的文化体验，并在实际生活环境中提升其语言运用能力和文化适应力。这类交流项目通常包括短期文化研修、汉语夏令营、文化实践基地等形式，使学习者能够在中国境内或海外汉语教育机构开展文化学习与交流。

文化交流项目的突出特点是学习环境具有高度的真实性，学习者能够在与母语者的互动中深入理解文化习俗、社会规范以及文化价值观。这种方式不仅有助于提高学习者的口语流利度，还能帮助其建立跨文化交流能力，使其在全球化背景下更好地适应多元文化环境。

在交流项目的实施过程中，需要注重文化活动的多样性和层次性，以满足不同阶段学习者的需求。例如，初学者可以通过文化体验活动，如书法、太极、剪纸等，感受中华文化的基本元素，而高级学习者则可以通过学术研讨、文化调研等方式，深入探讨中华文化的哲学、历史、社会发展等议题。此外，文化交流项目还可以依托国内外高校的合作，建立长效文化交流机制，推动文化传播更加具有稳定性和可持续性。

（四）基于社交媒体的文化传播

随着数字技术的发展，社交媒体成为文化传播的重要工具。基于社交媒体的文化传播方式具有传播速度快、受众广泛、互动性强等优势，使中华文化在全球范围内迅速传播，并能够与不同文化背景的受众产生即时互动。

社交媒体平台提供了多样化的传播方式，包括短视频、直播、文化博客、在线论坛等，使文化传播的形式更加生动和直观。学习者可以通过观看视频、参与在线讨论、阅读文化故事等方式，随时随地接触中华文化。此外，社交媒体还打破了传统课堂的空间限制，使文化传播更加灵活和自主。例如，通过社交媒体平台，学习者可以与母语者进行语言和文化交流，从而在互动中提升语言表达能力和文化理解力。

在利用社交媒体进行文化传播时，需要注重内容的质量与传播策略的优化。优质的文化内容应具有趣味性、可读性和互动性，以吸引更多的受众参与文化学习。此外，可以利用数据分析技术，对受众的兴趣偏好进行分析，并针对不同群体设计个性化的文化传播内容，提高传播的精准度和影响力。同时，社交媒体的文化传播还可以与其他文化活动相结合，如在线直播文化讲座、举办线上文化竞赛等，以增强文化传播的互动性和沉浸感。

课外文化活动的实施涉及学校课程、社区文化活动、海外文化交流以及社交媒体等多个层面。通过不同方式的相互结合，可以构建更加完善的文化传播体系，使中华文化的传播覆盖更广、影响更深。这些方式不仅能够增强学习者对中华文化的兴趣和理解，还能够促进跨文化交流，使中华文化在全球化背景下实现更加有效的传播与发展。

第四节　孔子学院与汉语国际教育机构的
文化推广实践

一、孔子学院的文化传播职能

孔子学院作为汉语国际教育的核心机构之一，肩负着在全球推广汉语、传播中华优秀传统文化、促进中外文化交流的使命。其文化传播职能不仅体现在课程体系建设、节庆活动组织等具体教学与实践活动中，还涉及本土化推广、跨文化适应等方面。随着国际社会对中华文化认知的不断深入，孔子学院的文化传播职能逐步向专业化、多元化和互动化方向发展，以适应不同国家和地区的教育需求。

在全球化背景下，孔子学院的文化传播不仅要确保中华文化的核心内容得以精准呈现，还要充分考虑不同文化背景下的接受度和适应性。在此过程中，课程体系建设、文化活动推广及本土化实践构成了孔子学院文化传播职能的核心要素，并在各国汉语教育实践中发挥着重要作用。

（一）中华文化课程体系建设

孔子学院的文化传播职能首先体现在课程体系建设上，即通过系统化的课程设置，将中华文化的核心内容融入汉语教学之中，使学习者在掌握语言的同时理解文化背景。在国际汉语教育体系中，文化课程的建设不仅要涵盖传统文化的基本知识，还应兼顾现代社会对中华文化的多元需求，以确保文化传播的深度与广度。

课程体系的构建需要具备科学性、层次性和适应性。科学性要求课程内容基于中华文化的经典理论和现代学术研究成果，确保学习者接触到权威的文化知识；层次性要求课程设置符合不同语言水平学习者的认知能力，从基础文化认知到高级文化思辨逐步递进；适应性则要求课程能够结合当地学习者的文化背景和需求，形成因地制宜的教学策略。例如，部分国家的学习者更关注中国的经济文化、科技发展，而有些国家的学习者则对传统儒家思想、书法、京剧等文化内容更感兴趣，因此课程设置应根据不同地区的需求进行调整。

在教学内容方面，文化课程应覆盖中华文化的多个维度，包括语言文化、历史文化、艺术文化、社会文化等，使学习者能够从多个角度理解中华文化的独特性。教材的编写需要兼顾学术性和实用性，使学习者既能获取系统的文化知识，又能在实际交际中灵活运用。此外，为了增强课程的吸引力和互动性，孔子学院逐步引入多媒体技术、虚拟现实、在线教学平台等现代教学手段，使文化学习更加生动、直观和高效。

（二）文化节庆与主题活动的举办

文化节庆和主题活动是孔子学院推动中华文化传播的重要载体，通过沉浸式、互动式的文化体验，学习者能够在参与中理解和感受中华文化的独特魅力。这种文化传播方式突破了传统课堂教学的局限，使文化学习更加生动、直观，增强了学习者的文化适应力和文化认同感。

文化节庆活动主要围绕中国传统节日展开，如春节、端午节、中秋节等，活动内容涵盖民俗展示、文化讲座、艺术表演、手工制作等多个环节。通过这些活动，学习者不仅能够学习汉语表达，还能亲身体验中华文化的社会实践，理解其背后的文化价值观。

主题活动则以特定的文化主题为中心，如茶艺、书法、武术、中医养生等，旨在通过深入的文化实践，帮助学习者在短时间内掌握某一文化领域的核心知识。与文化节庆活动相比，主题活动通常更具学术性和专业性，适合对中华文化有深入学习需求的群体。此外，孔子学院还通过组织国际文化交流活动，使学习者能够在跨文化比较的环境中，了解中华文化与其他文化的差异与共性，从而提升文化包容性和跨文化沟通能力。

在活动实施过程中，需要注重文化推广的本土化策略，使活动内容能够契合当地文化习惯，增强学习者的文化认同。例如，在一些国家，孔子学院与当地文化机构合作，举办融入本土文化元素的中华文化推广活动，使学习者能够在熟悉的文化氛围中接受新的文化信息。这种本土化的推广模式有助于提升文化活动的参与度和传播效果，并促进中华文化在全球范围内的可持续传播。

（三）本土化文化推广

本土化文化推广是孔子学院文化传播职能的重要组成部分，核心目标是确保中华文化能够在不同文化环境中得到有效传播，并实现跨文化的适应与融合。本土化推广并不是单向的文化输出，而是一个双向交流和相互融合的过程，需要在尊重当地文化的基础上，构建符合当地社会需求的文化传播模式。

本土化推广主要体现在课程内容的调整、教学方法的创新、文化活动的适应性改造等方面。课程内容方面，需要针对不同地区的文化背景、学习需求和兴趣点，调整中华文化课程的重点，使文化教学更加贴近学习者的现实需求。例如，在东南亚国家，儒家思想可能是文化课程的核心内容，而在欧美国家，中华文化的现代发展及其全球影响力可能更受关注。

教学方法的创新是本土化推广的重要环节，孔子学院引入互动式、体验式、探究式等教学方法，使文化传播更加符合不同文化群体的学习习惯。例如，在一些国家，学习者更倾向于通过案例分析和讨论的方式理解文化现象，而在另一些国家，实践体验和任务驱动式学习可能更受欢迎。因此，教学方法需要根据学习者的文化背景进行调整，以提高文化学习的有效性。

文化活动的本土化改造则涉及对中华文化元素的重新包装和融合。例如，在组织文化活动时，可以结合当地的文化节庆，打造融合中华文化与本土文化的跨文化活动，使中华文化传播更加自然，避免因文化差异过大而导致学习者产生抵触心理。此外，孔子学院还可以与当地企业、文化机构、社会组织合作，共同开展文化推广活动，扩大文化传播的影响力，使中华文化能够在本土社会中获得更广泛的接受和认同。

孔子学院作为中华文化传播的重要平台，其文化传播职能涵盖课程体系建设、文化节庆与主题活动推广、本土化文化传播等多个方面。这些职能的有效实施，使孔子学院能够在全球范围内推动中华文化的国际传播，并在不同文化环境中实现文化的适应性发展。未来，随着国际文化交流的深入，孔子学院将在文化传播模式、教学方法、数字化教学等方面持续创新，以满足全球化时代的文化传播需求，并进一步增强中华文化的国际影响力。

二、汉语国际教育机构的文化推广方式

在汉语国际教育体系中，文化推广不仅依赖于孔子学院，还涉及多个层面的教育机构，包括海外高校、语言培训中心、文化交流组织、政府教育机构等。这些机构在文化推广过程中承担着不同的职能，它们通过与当地教育体系的合作、海外教师培训以及跨国文化交流项目等方式，推动中华文化的全球传播。

不同国家或地区的教育体系各具特色，文化接受度与传播模式存在差异，因此，汉语国际教育机构在推广中华文化时，需要结合当地教育政策、社会需求和学习者背景，采用灵活的推广策略。文化推广不仅要注重文化知识的输入，还要加强文化的本土化适应，使中华文化能够在全球范围内得到持续传播，并产生深远影响。

（一）与当地教育体系的合作模式

汉语国际教育机构在文化推广过程中，与当地教育体系合作是核心策略之一。这种合作不仅能够提高汉语教学的可持续性，还能够通过教育体制的融合，使中华文化传播更具稳定性和广泛性。

在与当地教育体系的合作中，汉语国际教育机构通常采取多种模式，如开设汉语课程、融入本地学科体系、共建学术研究机构等。这些模式可以确保中华文化的推广不局限于短期活动，而是能够长期融入当地教育体系，使学习者在接受正规教育的过程中，自然地接触和理解中华文化。

合作模式的选择需要考虑当地的教育政策、社会需求和学习者的文化背景。例如，在一些国家，政府推行多语言教育政策，汉语可以作为第二语言进入公立教育体系，这为汉语国际教育机构提供了广阔的发展空间。通过与教育主管部门协作，可以在中小学、高等院校开设汉语课程，并在教材研发、师资培训等方面

提供支持，推动中华文化的正式化传播。

此外，合作模式还包括与当地高校共建研究中心或学术机构，以推动中华文化的学术研究和高层次传播。汉语国际教育机构可以与本地大学合作，设立"中国研究中心"或"东亚文化研究所"，搭建跨学科的学术交流平台，吸引更多学者和学生参与中华文化的学习与研究。这种模式不仅可以提高中华文化在学术界的影响力，还可以通过研究成果的传播，促进中华文化在不同社会领域的应用和推广。

（二）海外教师培训与文化教学提升

汉语国际教育的文化推广不仅依赖教材和课程的设置，还取决于教师的文化素养与教学能力。因此，海外教师培训成为提升文化教学质量、促进文化传播的重要手段。通过系统的培训体系，可以增强海外汉语教师的文化认知，使其能够在课堂教学中更加有效地传授中华文化，并帮助学生更好地理解和接受中华文化。

教师培训通常包括文化理论学习、教学方法培训、跨文化交流能力培养等多个方面。文化理论学习侧重于中华文化的历史、哲学、社会习俗等内容，使教师具备扎实的文化知识基础。在教学方法培训方面，需要关注如何将文化内容融入语言教学，使文化学习不再是孤立的知识输入，而是能够与语言技能同步发展。此外，跨文化交流能力的培养则强调教师如何处理文化冲突、如何在不同文化环境中灵活调整教学策略，以提高文化教学的适应性和互动性。

汉语国际教育机构在海外教师培训方面的实践，通常包括短期培训班、远程课程、文化教学工作坊等方式。其中，远程课程的推广尤其重要，它可以打破地域限制，让更多海外汉语教师参与文化培训，并通过线上资源获取最新的教学理念和文化知识。此外，培训还可以引入体验式教学方法，让教师亲身参与中华文化实践，如书法、茶艺、武术等，使其在沉浸式的学习环境中提升文化教学能力。

教师培训的最终目标是培养一批具有深厚文化素养和跨文化教学能力的汉语教师，使他们能够在国际课堂上精准、有效地传授中华文化，并在跨文化交际中发挥积极的文化桥梁作用。提升教师的文化教学能力，不仅能够增强中华文化的传播效果，还能提高学习者对中华文化的兴趣和认同感。

（三）跨国文化交流项目的实施

跨国文化交流项目是汉语国际教育机构推动中华文化全球传播的重要策略之一。这些项目通常涉及学生交流、学术合作、文化体验等多种形式，旨在通过直接的文化接触和互动，使中华文化在国际社会中产生更深远的影响。

跨国文化交流项目通常分为短期交流和长期合作两种模式。短期交流项目侧重于文化体验，例如汉语夏令营、文化研修班等，使学习者能够在短时间内深入了解中华文化，并通过实际体验增强文化认知。而长期合作则涉及高校联合培养、双学位项目、研究生联合培养等形式，促进不同国家和地区的学生深入学习中华文化，并应用于未来的职业发展或学术研究。

跨国文化交流项目的优势在于，它能够营造真实的跨文化交流环境，使学习者在实际生活和学习场景中理解中华文化。例如，在中国的大学设立"海外学习中心"，接收各国留学生，使他们能够在中华文化氛围中学习汉语，并通过社会实践、文化考察等方式，深入体验中华文化。此外，汉语国际教育机构还可以与海外高校合作，建立长期的文化交流机制，如共同举办国际学术会议、设立文化研究基金等，以促进中华文化的深入传播。

为了提高跨国文化交流项目的效果，需要加强项目的系统性和可持续性。例如，可以建立长期跟踪机制，对参与者的学习情况进行评估，并提供后续的文化学习资源，使文化传播不止于短期的交流活动，而是能产生持久影响。此外，还可以结合数字技术，构建跨国文化交流的在线平台，使不同国家或地区的学习者能够随时随地参与文化交流，并与全球汉语学习者建立文化联系。

汉语国际教育机构的文化推广涵盖多个层面，通过与当地教育体系的合作、海外教师培训以及跨国文化交流项目的实施，构建了一个立体化、可持续的文化传播体系。这些举措不仅推动了中华文化在全球的传播，还增强了中华文化的国际影响力，使其在跨文化交流中发挥更加积极的作用。未来，随着全球化进程的加快，汉语国际教育机构将进一步创新文化推广模式，利用现代科技手段，拓展中华文化的传播渠道，为中华文化的全球传播与发展开辟更加广阔的空间。

第三章 中华优秀传统文化在汉语国际教育中的传播困境

第一节 文化差异与文化冲突

一、文化差异对汉语学习的影响

文化差异在汉语国际教育中的影响深远，尤其体现在学习者的语言理解、文化适应和交际策略上。不同国家或地区的学习者在学习汉语时，常受其母语文化和思维方式的影响，导致理解障碍、文化冲突以及跨文化沟通中的困难。文化差异不仅影响语言习得的过程，也对学习者的心理适应和学习效果产生深刻影响。因此，深入探讨文化差异对汉语学习的具体影响，有助于优化汉语国际教育的教学策略，提高学习者的跨文化交际能力。

（一）思维方式差异与语言理解障碍

思维方式是文化塑造语言表达模式的核心因素，不同文化背景下的思维习惯直接影响个体对语言的理解与使用。在汉语国际教育中，来自不同文化圈的学习者在掌握汉语的过程中，往往受到母语思维模式的深刻影响，进而在语法结构、语义理解以及语用表达等方面产生认知偏差。这种思维模式的差异不仅影响语言的学习效率，还可能在实际交流中引发认知冲突，限制语言的灵活运用。

1. 思维模式的整体性与分析性差异

在认知科学和心理语言学的研究中，思维模式通常被划分为整体性思维和分析性思维。整体性思维模式强调事物的关联性、语境依赖性和动态性，倾向于从整体视角理解问题，注重背景信息的整合。分析性思维模式则侧重逻辑推理，倾向于将事物分解成独立的组成部分，并分别进行分析。在汉语语言体系中，整体性思维模式的影响较为显著，语境在话语理解中起决定性作用，言语表达常带有隐喻、暗示和省略的特征。这种特点使得习惯分析性思维的学习者在接触汉语时，容易因缺乏上下文信息支持而难以准确把握语义，从而影响信息的获取与加工。

2. 句法结构与语序偏好的认知分歧

不同语言体系中的句法结构往往反映着特定文化背景下的认知方式。汉语的句法结构具有较强的灵活性，语序的调整可以传达出不同的语义侧重点，并且话语表达中常见省略主语或宾语的情况。相比之下，以印欧语系为代表的语言更倾向于固定的句法框架，强调主谓宾结构的稳定性。受母语迁移效应的影响，许多学习者在学习汉语时习惯性地按照母语的语序构造句子，从而导致句法错误和语义偏差。此外，汉语句法结构中的话题优先性和"前重后轻"原则，使得许多学习者在阅读和听力理解中难以准确把握句子的逻辑关系，阻碍语言的习得与应用。

3. 语境依赖性与明示性表达的冲突

汉语的语境依赖性较强，语言表达往往需要结合具体的情境来推导真实意图，而许多西方语言则更注重明示性表达，即通过语法和词汇的明确组合直接传达信息。由于这一差异，汉语学习者在听说交流时，往往难以准确解读隐含信息，可能因误读言外之意导致交流障碍。此外，在阅读理解方面，汉语文本中大量运用省略、间接表达和意象化修辞手法，使得学习者需要更高的语境敏感度才能正确理解文本内容，而这一点往往超出某些分析性思维模式学习者的认知习惯，从而影响其阅读效率和理解准确性。

（二）价值观念差异与文化适应问题

价值观是文化的核心要素之一，在跨文化交际和语言学习过程中发挥深层次作用。不同文化体系下的价值观念，塑造了个体的行为模式、认知结构以及对社会规范的理解。在汉语国际教育中，学习者的母语文化价值观念往往影响其对汉语及中华文化的接受程度，甚至会在跨文化适应过程中造成心理障碍。价值观念的冲突不仅体现在语言表达习惯上，也影响着学习者对社会规范、礼仪体系和人际关系模式的理解，从而直接关系到汉语学习的效果和跨文化交际能力的培养。

1. 个体主义与集体主义的文化张力

在文化价值观研究领域，个体主义与集体主义是衡量社会价值取向的重要维度。集体主义文化强调群体利益高于个人利益，社会成员之间具有较强的依附关系，人际交往模式更加注重社会角色和义务。而个体主义文化则侧重个人自由与独立性，强调个体权利至上。在汉语语言体系及其文化表达中，集体主义观念深刻影响着人际关系的构建，如在交际过程中常强调谦逊、礼让。然而，这种价值取向可能与个体主义文化背景的学习者形成认知冲突，使其在汉语交际中难以准确理解敬辞、谦辞的使用规则，甚至可能误解某些语言行为背后的社会意义。

2. 社会关系模式与人际交往策略的差异

在汉语文化中，人际关系的维系通常依赖于社会网络的构建，人与人之间的关系强调长期性和互惠性，这一特征深刻体现在语言交际方式中。许多表达形式不仅承载信息传递的功能，还具有维系社交关系的作用。例如，在汉语语境中，间接表达、模糊语言和客套用语被广泛运用，以避免冲突并维护和谐的人际互动。然而，在某些文化背景下，人际交往更强调直接性和目标导向性，个体的言语行为以实现特定目的为主，较少考虑关系维护的因素。因此，学习者在适应汉语交际环境时，往往需要调整自己的沟通策略，以适应不同的人际互动模式。

3. 文化适应的心理挑战与学习动力的影响

文化适应是跨文化交际中的核心问题，也是影响汉语学习成效的重要因素。由于价值观念存在差异，学习者在跨文化环境中往往会遭遇文化冲击，即在面对新的社会规则、交际模式和思维方式时产生心理不适。这种心理冲击不仅影响学习者的文化认同，还可能影响其学习动机和语言习得效率。当学习者的价值观与目标文化存在较大差距时，可能会对汉语学习产生抵触心理，降低对目标语言文化的接受度，甚至影响语言学习的持久性。因此，在汉语国际教育中，如何引导学习者在保持本族文化身份认同的同时，提高对中华文化的理解和包容度，是提高汉语学习效果的关键所在。

（三）社交习惯与交际策略的文化冲突

社交习惯和交际策略是文化体系的重要组成部分，它们不仅影响人际交往的方式，也深刻制约着语言交流的有效性。在汉语国际教育背景下，学习者在掌握汉语的过程中，往往需要适应与其母语文化不同的社交模式和交际策略。由于文化背景的差异，学习者可能在社交礼仪、表达方式、人际距离、情感表达等方面面临挑战，从而影响其语言学习的流畅性和跨文化交际的适应能力。

1. 社交礼仪的文化变异与交际误解

社交礼仪是文化传统的外在体现，不同文化背景下的交际规范可能存在显著差异。在汉语文化体系中，礼仪规范深受儒家思想影响，强调谦逊、尊重和集体主义取向的交往方式。具体而言，社交互动中的称谓、寒暄、致谢方式等均蕴含一定的文化含义，并非单纯的语言习惯。学习者在学习汉语时，需要理解这些礼仪规范背后的文化逻辑，否则可能因直接套用母语文化的交往方式而产生误解。

社交礼仪的差异可能导致交际策略的不匹配，使学习者在汉语交流环境中产生不适。例如，有些文化体系习惯使用直接、简短的问候，而汉语社交中更注重客套话和情感表达的延展性。如果学习者未能充分理解这一文化特征，在交流中可能显得过于直率或缺乏礼貌，从而影响人际关系的建立。此外，在正式场合，汉语文化强调对权威的尊重，交际方式更加含蓄，而这一点可能与某些其他文化中的平等意识和自由表达观念相冲突，导致学习者在适应目标文化时面临心理和语言上的双重挑战。

2. 直接表达与间接表达的交际困境

表达方式的直接性与间接性是跨文化交际中的核心差异之一。汉语文化在交流过程中更倾向于间接表达，强调语境、隐喻和委婉，而某些文化背景下的学习者更习惯直截了当的沟通方式。这种表达风格的差异不仅影响语言的理解，还会在交际策略的选择上造成困惑。

在汉语文化中，间接表达往往用于避免冲突、维护和谐关系，并在必要时给对方留有余地。然而，对于习惯直接表达的学习者而言，这种表达方式可能导致信息解读的不确定性，甚至误以为对方在回避问题或缺乏诚意。此外，在请求、拒绝、批评等情境下，汉语文化强调含蓄与婉转，而某些文化背景的学习者则更倾向于直率表述，导致交际方式的不协调，影响语言交际的顺畅性。

3. 人际距离与互动模式的文化落差

人际距离是跨文化交际中的隐性因素，它反映了不同文化对亲密程度、互动方式和空间界限的不同理解。在汉语文化中，人际交往通常以关系为核心，交际策略受到社交网络的影响，注重关系的长期性和互动的情感性。而在某些文化体系中，人际关系更加注重个人边界，交流主要是为了信息交换，而非关系维护。

这种文化取向的差异使得学习者在汉语交流环境中可能面临适应挑战。由于汉语文化中人际关系的紧密性较强，学习者可能会遇到比其母语文化中更频繁的互动需求，这可能会让习惯独立社交模式的人感到压力。此外，在互动过程中，汉语文化中的身体语言、眼神交流、肢体接触等方面的规范也与其他文化存在显著差异，进一步增加了社交适应的难度。

（四）跨文化交流中的误解与沟通障碍

跨文化交流不仅涉及语言的学习，更关乎文化认知、交际方式的适配性以及心理适应能力的提升。在汉语国际教育背景下，由于不同文化体系在价值观、认知模式、交流习惯等方面的差异，学习者在语言实践过程中可能遇到认知偏差、信息误解、文化冲突等问题，影响其跨文化交际的有效性。

1. 语言的多义性与文化解读偏差

语言的多义性是造成跨文化误解的重要因素之一。在汉语表达中，许多词汇、句型、修辞手法带有高度的文化依赖性，其含义往往需要结合语境进行推导。学习者在使用汉语时，如果对特定词汇的文化内涵缺乏理解，可能会错误解读对方的意图，甚至影响交际关系的和谐。

此外，汉语中存在大量语境依赖型表达，即语言意义需结合上下文或社会背景进行解析。然而，在部分其他文化背景下，语言表达较为独立，信息的传递依赖于语法和词汇的明确组合。这种差异导致学习者在解读汉语表达时，可能会倾向于按照母语的语言规则进行逻辑推导，从而产生认知偏差。此外，某些固定表达或成语具有特定的文化象征意义，学习者如果未能掌握其隐含意义，可能会在使用时产生语用偏误，在正式场合还可能导致交际失误。

2. 非语言交际模式的文化冲突

非语言交际包括手势、面部表情、语音语调、空间距离等多个方面，它们在跨文化交际中的作用与语言表达同等重要。然而，不同文化背景下的非语言表达方式存在显著差异，可能导致学习者在实际交流中产生误解。

在汉语文化中，语音语调的变化往往传达特定的情感和态度，而这一点可能并未被某些其他文化背景的学习者充分理解。此外，手势使用在不同文化中也有不同的含义，部分习惯使用丰富手势交流的学习者，在汉语交际环境中可能因表达方式的不同而引发误解。此外，在面部表情的运用上，某些其他文化倾向于情绪外显，而汉语文化的情感表达则相对含蓄，这种差异也可能影响跨文化交际的顺畅性。

3. 文化期待的不同与信息解读偏误

文化期待是人们对交际方式、行为规范和社交互动的默认设定，它影响着人们在跨文化交流中的预期判断。在汉语交际环境中，部分学习者可能会因其母文化的不同而对目标文化产生不符合实际的期待，从而导致交际困境。

在某些其他文化背景下，交际互动更加开放自由，社会成员间的关系较为松散，表达方式更加随意直接。然而，在汉语文化环境中，人际交往更加强调关系维护，交际策略更趋向于礼貌性和情境依赖性。这种文化期待的落差可能导致学习者对交际对象的行为方式产生不准确的解读，甚至可能因不符合预期的交流方式而对目标文化产生误解或抵触心理，影响其语言学习的积极性和跨文化交际的信心。

二、文化冲突在汉语国际教育中的表现

文化冲突是跨文化交流中的必然现象，在汉语国际教育的实践过程中，学习者和教师的文化背景差异、教学资源的适应性、课堂互动方式及文化认知模式的不同，均可能导致文化摩擦。这些冲突不仅影响语言学习的效果，还可能在更深层次上影响学习者的文化认同、跨文化适应能力以及汉语教育的传播力。因此，从课堂教学、教材内容、教师与学习者的文化认知差异、教学方式的适应性以及文化差异对学习者心理的影响等方面，探讨文化冲突的具体表现，有助于优化汉语国际教育的教学策略，提高文化传播的有效性。

（一）课堂教学中的文化摩擦

课堂教学是汉语国际教育的核心环节，在跨文化环境下，教师的教学风格、学生的学习习惯以及课堂互动模式的不同，可能导致文化冲突。不同文化体系对教育理念的认知差异，是引发课堂文化摩擦的重要因素。在某些文化背景中，课堂互动更加强调自由表达，学生的提问和批判性思维被视为积极参与的表现，而在另一些文化体系下，课堂秩序和教师权威则被认为是教学质量的重要保证。这种认知差异可能导致学习者在适应汉语课堂时产生困惑，也可能使教师在教学过程中面临挑战。

此外，课堂上的师生互动方式也可能受到文化因素的影响。在某些文化背景中，学生习惯用委婉方式提出疑问，而在另一些文化环境下，直接质疑教师的观点被视为正常的学术交流方式。这种不同的课堂互动模式容易造成误解，影响教学的顺畅性。此外，课堂纪律、学习态度和师生关系的文化预期也可能影响学习者对汉语课堂的适应。例如，部分文化背景的学习者可能更习惯自主学习，而某些汉语课堂则采用教师主导的教学方式，这种学习方式的差异可能导致学生的

适应困难，进而影响学习效果。

（二）教材内容的文化适应性问题

教材是汉语国际教育的重要载体，其内容的文化适应性直接关系到学习者对目标语言的接受度。在跨文化教学环境中，教材内容若不能充分考虑学习者的文化背景，可能导致文化冲突，使学习者在理解和接受过程中产生认知障碍。汉语教材通常蕴含丰富的文化元素，如历史故事、传统价值观、社会习惯等，这些内容对于文化背景不同的学习者而言，具有不同的理解方式，甚至可能遭遇文化适应的困难。

教材编写往往基于目标文化的语言习惯和价值体系，但若忽视学习者的文化背景，可能会增加学习者的认知负担。在某些教材中，汉语表达方式与特定的文化概念紧密相连，而这些概念在其他文化中没有直接对应，导致学习者难以理解。此外，部分教材内容可能未充分考虑文化多样性，在跨文化教学中容易形成文化单向传播局面，使学习者难以在母语文化和目标文化之间建立有效的联结。

为了提升汉语国际教育的教学质量，教材的文化适应性构建需要在尊重中华文化核心价值的基础上，合理融入跨文化元素，增强文化对比和文化融合的内容，帮助学习者更顺利地理解汉语文化，减少文化冲突带来的学习障碍。

（三）汉语教师与海外学习者的文化认知差异

教师的文化认知对课堂教学具有深远影响，而教师与学习者之间的文化背景差异，可能成为教学互动中的一大挑战。在汉语国际教育中，教师通常以中华文化体系为中心来传授语言和文化，而学习者则在其母语文化的框架下进行理解，这种文化视角的不同可能导致对同一语言现象的认知偏差。

在跨文化教学环境中，教师的教学方式、文化解释以及对学生行为的解读，均可能受到文化背景的影响。如果教师对学习者的文化认知模式缺乏足够的了解，可能会误解学生的学习态度或学习方式。例如，一些文化背景的学习者可能习惯于被动接受知识，而另一些文化背景的学习者则更倾向于通过讨论和互动来深化理解。教师如果未能充分意识到这些学习方式的差异，可能会在教学策略上产生偏差，影响学生的学习体验。

此外，教师在跨文化交流中的文化敏感度，也是引发文化冲突的重要因素。部分汉语教师可能更多地从本土文化视角出发进行教学，而未能充分考虑学习者的文化背景和文化期待，这可能导致学习者对某些文化内容的接受度降低，甚至对目标文化产生误解。因此，在汉语国际教育中，提高教师的跨文化能力，使其能够在教学过程中更加灵活地调整文化传授方式，是有效缓解文化冲突的重要手段。

（四）教学方式与目标文化的冲突

教学方式的选择不仅涉及语言教学的技术问题，还受到文化因素的影响。在不同文化体系中，教学方式的侧重点不同，一些文化强调自主探索式学习，而另一些文化可能更倾向于教师指导的学习模式。这种教学理念的不同，可能使学习者在适应汉语课堂时产生困惑，也可能影响教学的互动效率。

在汉语国际教育中，一些学习者可能习惯于结构化的学习模式，希望获得清晰的语言规则和固定的语法框架，而另一些学习者则更倾向于通过实践和互动来学习语言。教师如果过于依赖某种特定的教学方式，而未能针对学习者的文化背景调整教学策略，可能会降低教学的适应性，影响学习效果。

此外，教学评价方式也是影响文化冲突的重要因素。在某些文化背景下，学习成果的评价主要依赖标准化测试，而在另一种文化背景下，学习过程和创新能力同样被视为重要的衡量标准。如果汉语国际教育的评价体系不能充分考虑不同文化的教育观念，可能会打击学习者的学习积极性，并加剧文化冲突的发生。

（五）文化差异对学习者心理的影响

文化冲突不仅影响语言学习的技术层面，还可能对学习者的心理状态产生深远影响。在跨文化环境中，学习者可能因文化差异而遭遇文化适应的挑战，导致焦虑、困惑甚至抵触心理。文化适应是一个复杂的过程，涉及学习者对目标文化的接受度、身份认同的调整以及文化自信的建立。在汉语国际教育中，学习者如果无法在目标文化环境中找到文化归属感，可能会降低其学习动力，甚至影响学习的持久性。

文化适应的挑战可能表现为学习者在语言交际中的自信心下降，对目标文化的不信任感增强，以及社交适应困难。如果学习者在汉语学习过程中频繁遭遇文化冲突，而未能获得有效的支持和引导，可能会产生文化焦虑，影响其语言学习的体验。因此，在汉语国际教育中，需要在教学策略中融入跨文化心理支持机制，帮助学习者更好地理解目标文化，缓解文化冲突带来的心理压力，提高其跨文化适应能力。

三、跨文化适应与文化包容度的挑战

跨文化适应与文化包容度是汉语国际教育中不可忽视的重要议题。在全球化背景下，学习者在接受汉语教育的过程中，需要在不同文化体系之间寻求平衡与适应。然而，文化背景、思维方式、社会习惯等方面的差异，使学习者在语言学习与文化认同过程中可能面临一系列挑战。这些挑战不仅影响语言习得的效果，还关系到学习者对中华文化的接受度以及跨文化交际能力的提升。因此，从学习者的适应性问题、文化接受度对语言学习的影响、文化自信与文化认同的平衡以及文化融合与文化保持的双重挑战等方面展开深入探讨，有助于优化汉语国际教育体系，提高跨文化传播的有效性。

（一）不同文化背景学习者的适应性问题

学习者的文化背景对其跨文化适应能力具有深远影响。不同文化体系在语言表达、社交习惯、价值观念等方面存在显著差异，这些差异决定了学习者在适应汉语文化环境时所面临的困难程度。在某些文化体系中，学习者习惯于自主探索式学习，而在另一些文化背景下，教师主导的教学模式更受认可。这种学习方式的不同，可能导致学习者在汉语课堂上产生适应困难。

此外，学习者对目标文化的适应能力还受到心理因素的影响。在跨文化环境中，学习者需要经历文化适应的不同阶段，包括文化震惊、调整期和适应期。在这一过程中，学习者可能因文化冲突而产生焦虑、困惑甚至抗拒心理。这种心理挑战不仅影响语言学习的持久性，还可能影响学习者对目标文化的认同感。尤其是在跨文化交际过程中，学习者若无法有效解读文化信息，可能会对自身语言能力产生怀疑，进而降低学习动力。因此，如何在汉语国际教育中给予有效的文化适应支持，帮助学习者更快融入目标文化，是提升跨文化教育质量的重要课题。

（二）文化接受度对汉语学习成效的影响

文化接受度是影响汉语学习效果的重要因素之一。学习者对目标文化的态度，直接关系到其学习动机、认知方式以及学习策略的选择。在跨文化学习环境中，学习者的文化接受度主要受到母语文化与目标文化的相似性、个人文化经历以及社会环境的影响。

当学习者对目标文化持开放态度时，其语言学习的投入度和成效通常较高。这种接受度不仅体现在语言层面，还涉及对目标文化的兴趣和认同。反之，如果学习者对目标文化存在偏见或抵触情绪，则可能在语言学习过程中形成心理障碍，甚至阻碍其语言交际能力的提升。此外，目标文化的传播方式也影响着学习者的接受度。如果汉语国际教育的教学方式过于侧重单向传播，而忽视学习者的文化背景和文化需求，可能会降低学习者对汉语文化的兴趣，进而影响学习效果。

在跨文化教育中，提高文化接受度的有效方式包括增强文化对比教学、促进文化互动交流以及提升文化包容度。通过跨文化比较，学习者能够更清晰地理解汉语文化的独特性，并在理解差异的基础上产生文化共鸣。此外，在教学过程中融入多元文化，可以帮助学习者在自身文化与目标文化之间找到平衡点，提高文化适应能力，增强对汉语文化的认同感。

（三）文化自信与文化认同的平衡问题

文化自信与文化认同的平衡，是跨文化适应过程中不可忽视的议题。学习者在研习汉语的同时，可能会面临文化身份认同的挑战。在跨文化交流中，学习者需要在自身文化身份与目标文化适应之间找到平衡，既要保持对母语文化的认同，又要增进对目标文化的理解和接纳。

文化自信通常表现为学习者对自身文化价值体系的认可，在跨文化环境中，文化自信有助于缓解文化冲击，提高学习者的适应能力。然而，在汉语国际教育背景下，部分学习者可能因过度依赖母语文化而产生文化隔阂，从而限制对目标文化的理解和接受度。这种文化认同的冲突，可能导致学习者在语言学习过程中对目标文化的融入程度较低，影响其交际能力的提升。

与此同时，学习者如果在跨文化适应过程中过度倾向于目标文化，可能会对自身文化身份产生迷失感。这种文化认同的失衡，不仅影响学习者的心理稳定性，还可能在一定程度上影响其长期的跨文化交际能力。因此，在汉语国际教育中，需要在教学过程中提供文化认同方面的引导，帮助学习者在尊重自身文化的基础上，增强对目标文化的理解和认同，从而实现文化认同的平衡。

（四）文化融合与文化保持的双重挑战

文化融合与文化保持是跨文化适应过程中的核心议题。学习者在接受汉语教育的过程中，需要在目标文化的融入和自身文化的保持之间进行协调。这一过程不仅涉及语言学习的技术层面，也关乎文化身份的认同和适应。

文化融合的过程通常受到社会环境、个体经历以及教育模式的影响。在跨文化交际中，学习者如果能够在目标文化环境中找到归属感，并在语言学习中逐步内化目标文化的价值体系，则可以更快实现文化融合。然而，在这一过程中，文化保持同样具有重要意义。学习者在接受目标文化的同时，仍需保持自身文化的核心特质，以维持文化认同的稳定性。如果学习者在文化融合过程中忽视了母语文化的作用，可能会在长期的跨文化交际中产生文化焦虑，削弱其文化适应能力。

在汉语国际教育的实践中，如何在文化融合与文化保持之间实现平衡，是跨文化传播需要解决的重要问题。教育者需要在教学设计中充分考虑学习者的文化背景，并给予适当的文化支持，帮助学习者在尊重自身文化的前提下，逐步加强对目标文化的适应能力。此外，双向文化互动和多元文化交流，能够有效促进文化融合，使学习者在跨文化环境中更自信地开展语言交流，提高跨文化交际的综合能力。

第二节　教学资源与师资队伍的困境

一、教学资源的匮乏与不匹配

在汉语国际教育的发展进程中，教学资源的质量与匹配度直接关系到中华优秀传统文化的传播成效。然而，当前汉语国际教育的教学资源在教材编写、数字化资源建设、实践教学支持及本土化适配等方面仍然面临诸多挑战。教学资源的匮乏与不匹配，不仅影响了教学质量，也限制了中华文化在跨文化传播中的影响力。因此，本节从文化教材内容的单一性、多媒体教学资源的滞后、实践教学资源的缺乏、教学资源与当地文化的融合不足以及线上教学资源质量参差不齐等方面展开探讨，以期为汉语国际教育的教学资源建设指明改进方向。

（一）文化教材内容的单一性问题

教材是汉语国际教育的核心教学资源，其内容编排和文化元素的呈现直接影响学习者对汉语及中华文化的理解。在现有教材体系中，文化内容往往以传统语言教学为主，忽视了文化的动态发展和多元呈现。教材内容的单一性不仅体现在文化素材的选择上，也表现为文化知识的解读方式，缺乏多维度、多层次的文化展示。

现有教材在中华优秀传统文化的编排上，往往侧重于特定的文化符号，而未能充分涵盖中华文化的多样性。部分教材仅选取特定历史时期的文化内容，而忽略了当代中国社会文化的演变，致使学习者难以建立完整的文化认知体系。此外，教材中的文化讲解模式仍然以静态知识传授为主，缺乏互动性和实践性，导致学习者难以真正融入目标文化。此外，由于不同国家或地区的文化背景存在较大差异，教材编写未能充分考虑不同学习者的文化预期和认知习惯，使得部分文化内容的接受度较低，甚至可能引发文化冲突。

为了优化文化教材的内容体系，需要在教材编写过程中融入更多的文化动态性因素，使中华文化的传播更加符合当代社会的现实需求。同时，教材编写应充分考虑不同学习者的文化背景，在坚守中华文化核心价值的前提下，构建更加开放、包容、灵活的教材体系，以提升汉语国际教育的文化传播效果。

（二）多媒体教学资源的稀缺与滞后

随着信息技术的发展，多媒体教学资源在语言教学中的作用日益凸显。然而，当前汉语国际教育在多媒体资源的开发和应用方面仍存在较大不足，主要表现为资源数量稀缺、内容更新滞后以及互动功能欠缺。这些问题不仅影响了教学的趣味性和有效性，也在一定程度上限制了中华优秀传统文化的传播方式。

在现有的多媒体教学资源中，汉语学习软件、文化课程视频以及在线交互式学习平台的建设仍存在较大差距。部分资源仍停留在基础的语音、词汇、语法教学层面，未能充分利用现代信息技术手段来展示中华文化的丰富内涵。此外，现有的多媒体资源内容更新缓慢，难以适应汉语国际教育的发展需求。许多数字化教材和教学平台的文化内容仍然沿用多年以前的教学模式，未能充分反映中华文化的当代发展，使学习者难以将所学知识与现实社会联系起来。

多媒体资源交互性不足，也是影响教学效果的重要因素。在数字化教学环境中，学习者需要通过互动实践加深对文化知识的理解，但目前的教学资源仍然以单向传输为主，缺少互动环节。此外，多媒体资源的本土化适配程度较低，部分学习者由于文化背景和技术条件的限制，难以充分利用这些资源。因此，提升多媒体教学资源的质量，增加文化内容的多样性和互动性，优化资源的更新机制，是提升汉语国际教育教学资源适配度的重要方向。

（三）实践教学资源难以满足教学需求

实践教学是汉语国际教育的重要组成部分，能够帮助学习者在真实语境中体验中华文化。然而，当前的实践教学资源建设仍存在较大不足，主要体现在资源分布不均衡、文化体验方式单一化以及实践活动可持续性较差等方面。

在全球范围内，汉语国际教育的实践教学资源分布存在较大区域差异。部分国家或地区的汉语教育机构能够提供丰富的实践教学资源，包括文化工作坊、沉浸式教学等，但在一些资源相对匮乏的地区，实践教学活动的开展仍然受限。此外，现有的实践教学资源大多局限于特定的文化展示形式，如书法、剪纸、京剧等，未能全面涵盖中华文化的多样性，使学习者对目标文化的认知较为片面。此外，由于实践教学活动通常需要较高的资源投入和组织协调能力，一些汉语教学机构难以长期开展高质量的实践课程，导致学习者的文化体验缺乏连贯性，影响了文化认知的持续深化。

为了提升实践教学的有效性，需要在全球范围内加强汉语国际教育实践资源的共享机制，推动文化体验活动的多元化发展。同时，可以借助数字技术手段，构建虚拟实践教学平台，使学习者即便身处不同文化环境，也能获得真实的文化体验。

（四）教学资源与当地文化融合不足

汉语国际教育的教学资源建设不仅要关注中华文化的传播，还需考虑其与当地文化的融合度。当前的教学资源在文化适配性方面仍存在较大不足，部分教材和教学资源未能充分融入当地文化元素，导致学习者在接触中华文化时产生距离感。

教学资源的本土化程度直接影响学习者对目标文化的接受度。如果教材和课程内容与学习者的文化背景脱节，学习者在学习过程中可能会感到陌生甚至产生抵触情绪。此外，教学资源如果未能适应当地教育体系的需求，可能会影响汉语国际教育的推广效果。因此，在教学资源的开发过程中，需要更加注重文化适配性，在尊重中华文化核心价值的同时，增强与当地文化的联结，以提升教学资源的应用效果。

（五）线上教学资源的质量参差不齐

在线教育的发展为汉语国际教育提供了更多的可能性，但同时也带来了教学资源质量参差不齐的问题。由于线上教学资源的开发门槛相对较低，不同机构和个人均可提供教学内容，致使市场上的教学资源质量差异显著。

部分线上教学资源在内容上缺乏系统性，语言教学与文化教学的结合程度较低，未能形成完整的学习体系。此外，部分在线平台的文化内容存在刻板化、单一化的问题，未能充分展现中华文化的多元性。此外，由于在线教学资源的审核机制尚不完善，部分教学资源的科学性和准确性难以保证，可能会误导学习者对中华文化的认知。

提升线上教学资源的质量，需要建立严格的资源审核机制，并推动高质量在线教学资源的共享。此外，可以通过人工智能、大数据分析等技术手段，优化在线教学平台的个性化推荐系统，提高教学资源的精准匹配度，提升汉语国际教育的整体教学质量。

二、师资队伍的专业素养问题

在汉语国际教育的发展进程中，师资队伍的专业素养是影响教学质量和文化传播效果的关键因素。然而，受文化知识储备不足、跨文化教学能力欠缺、语言教学与文化教学失衡以及对当地教育政策了解不够充分等因素制约，当前汉语国际教育的师资队伍在专业能力上仍面临诸多挑战。这些问题不仅影响汉语教学的系统性，也制约了中华优秀传统文化的有效传播。因此，探讨师资队伍在专业素养方面的不足，并分析其对汉语国际教育的影响，有助于优化师资培训体系，提高跨文化教学的整体水平。

（一）文化知识储备不足的困境

汉语国际教育不仅是语言教学的过程，更是中华优秀传统文化传播的重要载体。教师在授课过程中，除了教授语言知识，还需具备深厚的文化素养，以帮助学习者理解汉语背后的文化背景。然而，部分教师在文化知识的储备方面存在明显不足，难以在课堂教学中全面呈现中华文化的深层内涵。

文化知识储备不足主要体现在以下两个方面。一方面，部分汉语教师在接受专业培训时，主要关注语言教学技巧，而对中华文化的学习相对薄弱，导致其在讲解文化内容时缺乏系统性和深度。另一方面，中华文化博大精深，其涵盖的内容十分广泛，包括历史、哲学、文学、艺术、社会习俗等多个层面，而部分教师的知识面较为局限，难以满足不同学习者的文化需求。此外，文化知识具有较强的动态性，中华文化在现代社会的发展变化较快，而部分教师的知识更新速度较慢，无法及时掌握最新的文化发展趋势，从而影响文化教学的现实性和准确性。

文化知识储备不足直接影响了汉语课堂的教学质量。学习者在语言学习过程中，往往需要通过文化理解来提高语言运用能力，若教师无法提供深入的文化背景知识，学习者对汉语的掌握将难以达到真正的交际水平。同时，文化知识的缺乏也可能削弱学习者对中华文化的兴趣，使其难以建立文化认同。因此，提升汉语国际教育师资的文化知识储备，不仅是提高教学质量的必要举措，也有助于增强中华文化的国际传播力。

（二）跨文化教学能力的欠缺

汉语国际教育的特殊性在于其跨文化交流的本质。教师在教授汉语的过程中，需面对来自不同文化背景的学习者，如何在课堂上有效地调适文化差异、化解文化冲突，并采取恰当的教学策略，使学习者能够顺利适应汉语学习环境，是汉语教师必须具备的专业能力。然而，在当前的汉语国际教育体系中，部分教师的跨文化教学能力仍存在较大不足，影响了教学的顺利开展。

跨文化教学能力欠缺主要表现在对不同文化体系的认知较浅、教学策略的适应性不足以及跨文化交际敏感度不够等方面。在跨文化环境中，教师需要对学习者的文化背景、思维方式、社交习惯等有较深入的了解，以便在课堂互动中做出合理的调整。然而，由于部分教师的国际视野有限，对学习者的文化背景认知不充分，可能会在教学过程中忽视文化适应的必要性，导致课堂互动困难。此外，部分教师在课堂管理和教学方式上，仍然沿用单一教学模式，未能针对不同文化背景的学习者调整教学方法，影响了教学的有效性。

跨文化教学能力不足，还可能导致师生之间的文化冲突。在课堂教学过程中，学习者可能会基于自身的文化习惯对教师的教学方式产生不同的理解，而教师如果缺乏足够的跨文化敏感度，可能会误解学习者的行为，甚至导致课堂氛围紧张。这种跨文化交际障碍，不仅影响了学习者的语言习得，也可能降低其对中华文化的接受度。因此，提升汉语国际教育师资的跨文化教学能力，是优化跨文化教学环境的重要措施。

（三）语言教学与文化教学的失衡

汉语国际教育的目标不仅是教授语言技能，更是通过语言教学促进文化理解。然而，在实际教学过程中，部分教师在语言教学与文化教学的平衡上仍存在较大问题，使得文化教学未能充分发挥其应有的作用。

语言教学与文化教学的失衡主要体现在：一是部分教师在教学过程中更注重语法规则、词汇讲解等语言形式的教学，而较少涉及文化背景知识，导致学习者对汉语的理解仅停留在语言层面，无法真正掌握其文化内涵。二是部分教师虽然意识到文化教学的重要性，但由于缺乏系统的文化教学方法，文化内容的呈现往往较为零散，难以与语言教学形成有机结合。三是在课堂教学中，文化教学的深度和广度往往受到课程安排的限制，部分教师在时间分配上更倾向于语言训练，而忽略了文化内容的讲解，进一步加剧了语言教学与文化教学的失衡问题。

这种失衡现象不仅影响了学习者对汉语的全面掌握，也可能削弱其对中华文化的兴趣。语言是文化的载体，只有在文化的语境下，语言的使用才更具意义。因此，在汉语国际教育中，需要强调语言教学与文化教学相结合，提高教师的文化教学能力，使文化教学成为课堂教学的重要组成部分。

（四）对当地教育政策了解不足

汉语国际教育的推广需要适应不同国家和地区的教育体系，而教师对当地教育政策的了解程度，直接影响汉语课程的实施效果。然而，在实际教学过程中，部分汉语教师对所在国的教育政策、课程标准、教学管理制度等了解不足，致使汉语课程在当地的适配度较低，影响了教学的顺利开展。

对当地教育政策了解不足，主要体现在课程设置、教学方法、考试评估体系等方面。部分教师在教学过程中，可能会按照国内的教学标准进行授课，而忽视了学习者所在国的教育要求，导致教学内容与当地课程体系存在较大差异。此外，在教学方法上，部分教师未能充分考虑当地教育理念的不同，仍然沿用传统的教学方式，而未能根据学习者的学习习惯和教育制度进行调整。此外，在考试和评估体系上，不同国家的标准各不相同，部分汉语教师由于对当地考试体系了解不足，可能会在课程设计和学习目标上缺乏针对性，从而影响学习者的学习成效。

为了提升汉语国际教育的适应性，需要加强教师对所在国教育政策的了解，提高课程的本土化程度，使汉语课程能够更好地融入当地教育体系。同时，教师需要在跨文化教育环境中不断学习和调整，以适应不同国家的教育需求，提高汉语教学的全球适应能力。

三、师资队伍的稳定性挑战

师资队伍的稳定性是衡量汉语国际教育可持续发展的关键因素。在全球化背景下，随着汉语国际教育的推广范围不断扩大，教师的职业发展环境、薪酬待遇、国际形势变化以及兼职教师队伍的不稳定性，均对师资队伍的长期稳定性构成挑战。这些因素不仅影响汉语教学的质量，也在一定程度上制约了中华优秀传统文化的传播力度。因此，深入分析师资队伍的稳定性挑战，并探讨其对汉语国际教育的深远影响，有助于提升教师队伍的专业化程度，增强汉语国际教育体系的韧性。

（一）薪酬待遇与职业发展空间受限

薪酬待遇和职业发展空间是影响教师稳定性的核心因素。在汉语国际教育领域，尽管对外汉语教师的需求不断增加，但教师的薪资待遇仍未能与其工作量、专业要求和跨文化适应压力相匹配。部分国家和地区的汉语教师薪资水平较低，与当地其他教育岗位相比缺乏竞争力，这导致部分优秀教师流向薪资更高的行业或国家。此外，由于薪酬水平的限制，一些机构在教师聘用时难以吸引高素质人才，进一步影响了教学的稳定性和长期发展。

职业发展空间的受限，也是影响师资稳定性的关键因素。在部分教育机构，汉语教师的晋升路径相对狭窄，职业发展规划不够清晰，致使教师缺乏长期发展的动力。此外，部分教师长期处于合同制或短期聘用状态，职业安全感较低，难以形成稳定的职业规划。这种局面不仅影响教师个人的职业发展，也对汉语国际教育的可持续性构成一定挑战。因此，提高薪酬待遇、优化教师晋升机制、提供更加稳定的职业发展路径，是增强师资队伍稳定性的重要举措。

（二）工作环境与生活适应压力

汉语国际教育的师资队伍往往需要在不同文化环境中工作，这对教师的适应能力提出了较高要求。在海外工作期间，教师不仅要适应新的教学环境，还需要面对文化差异、语言障碍、社会交往方式不同等问题，这些因素可能对其心理状态和职业稳定性产生影响。部分教师在海外任教期间，可能因文化适应困难、社会支持系统缺失、生活习惯不同等问题，产生职业倦怠感，甚至影响其继续从事汉语教育的意愿。

此外，工作环境的差异也影响教师的教学体验。不同国家和地区的教育体制、教学理念、课堂管理模式各不相同，部分教师在进入新的教育体系后，可能会遇到适应困难。例如，在某些文化背景中，课堂教学强调开放性和互动性，而另一些文化背景中，课堂环境则更加注重秩序和权威性，教师如果未能及时调整教学方式，可能会影响课堂管理的有效性。这种教学环境的不确定性，进一步加剧了教师的职业压力，也可能影响其职业的长期稳定性。

为缓解教师的适应压力，需要在汉语国际教育体系中建立更完善的教师支持机制。例如，提供跨文化适应培训、搭建教师互助网络、增强心理支持体系等措施，均有助于提升教师的跨文化适应能力，增强其职业稳定性。

（三）国际形势变化对师资流动的影响

国际政治、经济和社会环境的变化，直接影响汉语国际教育的师资流动性。在全球化日益加深的背景下，国际形势的变化不仅影响汉语教育机构的运营，也对教师的工作稳定性产生直接影响。部分国家由于政策调整，对外籍教师的签证政策、工作许可、聘用条件等进行了修改，导致汉语教师的流动性受到限制。此外，国际经济形势的波动也影响了部分机构的资金支持，进而影响教师的薪酬稳定性。

在全球公共卫生事件、国际政治摩擦等因素的影响下，部分国家对外籍教师的需求和政策有所调整，导致部分汉语教师的工作受到影响。例如，一些国家的教育机构可能因政策变化而减少汉语课程的投入，从而减少汉语教师的需求。此外，部分国家的签证政策变动，可能导致汉语教师的工作合同无法续签，影响其职业稳定性。这些国际形势的变化，使得部分汉语教师在选择海外工作时，面临更多不确定性，影响其职业规划和长期发展。

面对国际形势变化带来的挑战，需要建立更加灵活的师资流动机制。例如，加强国际合作，推动汉语教师资格的国际互认，提升教师的跨国流动便利性。此外，政府和相关机构可以出台教师支持政策，提高教师在国际环境中的职业安全感，以提升汉语国际教育的稳定性。

（四）兼职教师队伍的不稳定因素

兼职教师在汉语国际教育体系中占据重要地位，尤其是在资源有限的地区，兼职教师成为汉语课程的重要支撑力量。然而，兼职教师的工作性质相对不稳定，对汉语国际教育的可持续发展也带来一定挑战。部分兼职教师由于工作时间、薪酬待遇等原因，难以长期从事汉语教学，导致教学团队的流动性较高，影响了课程的连贯性和教学质量的稳定性。

兼职教师的不稳定性主要体现在以下几个方面。首先，兼职教师多为短期聘用，职业安全感较低，因此在遇到更有吸引力的工作机会时，可能会选择离开汉语教学岗位。其次，部分兼职教师的培训和职业发展支持较为有限，在教学过程中可能缺乏足够的教学经验和跨文化适应能力，影响教学效果。由于兼职教师的流动性较大，部分机构在教学管理上面临较大挑战，难以组建稳定的教学团队，影响教学质量的持续提升。

为了增强兼职教师队伍的稳定性，可以通过提供更完善的职业发展路径，加大兼职教师的培训力度，增强其对汉语教育工作的认同感。此外，建立稳定的兼职教师管理机制，如提供长期合同、改善兼职教师的薪酬待遇等方式，提高兼职教师的职业归属感，降低教师流动性对教学质量的负面影响。

四、教师培训与专业发展困境

教师培训与专业发展是提升汉语国际教育质量、优化中华优秀传统文化传播效果的重要环节。然而，在当前汉语国际教育的全球化发展进程中，教师培训体系面临诸多挑战，涉及中华文化教学能力的提升、跨文化培训体系建设、教师对海外文化环境的适应性、文化传播能力的考核机制以及师资培训资源的分布问题。这些问题不仅制约教师的专业成长，也对汉语国际教育的可持续发展形成阻碍。因此，探讨教师培训与专业发展困境，分析其对文化传播的影响，对于优化汉语国际教育体系、提升教师综合素养具有重要意义。

（一）中华文化教学能力的提升难点

汉语国际教育不仅是一种语言教学活动，更是中华文化的传播过程。然而，在现有的教师培训体系中，中华文化教学能力的提升仍面临诸多困境。部分教师在接受培训时，主要关注语言教学技能，而文化教学的培训内容相对匮乏，使得部分教师在课堂上缺乏系统性的文化讲解能力。

文化教学能力的提升难点体现在多个方面。其一，中华文化的教学内容涵盖历史、哲学、文学、民俗等多个领域，而部分教师的文化知识储备在广度和深度上存在不足，难以满足不同学习者的文化需求。其二，文化教学方式的创新能力较为欠缺，部分教师仍然沿用传统的讲授式教学，而未能充分利用现代教育技术和互动式教学手段，使学习者对中华文化的理解较为片面。其三，由于文化教学涉及跨文化对比与分析，部分教师在跨文化背景下的文化阐释能力较弱，导致学习者难以准确理解中华文化的核心价值观念。

为提升教师的文化教学能力，需要在教师培训体系中加强文化内容的系统性培训，提升教师的跨文化阐释能力，并鼓励教师采用多元化的文化教学方法，使中华文化教学更具吸引力和实效性。

（二）跨文化培训的体系建设不足

跨文化培训是提高汉语国际教育教师跨文化适应能力、增强其跨文化交际能力的重要环节。然而，在当前的教师培训体系中，跨文化培训的体系建设仍不完善，影响了教师在国际化教学环境中的适应能力。

跨文化培训体系建设的不足主要体现在培训内容的局限性、培训方式的单一性以及培训资源的可及性较低等方面。在培训内容方面，部分跨文化培训课程仍停留在理论层面，缺乏实际的案例分析和互动式体验，导致教师难以在真实教学环境中灵活运用所学知识。在培训方式方面，部分培训课程仍以集中授课为主，未能充分利用线上资源和跨文化交流实践，使教师的跨文化能力提升受限。此外，培训资源的地域分布不均衡，部分地区的汉语教师难以获得系统的跨文培训支持，导致其在海外教学环境中适应能力较弱。

为改善这一状况，需要在教师培训体系中构建更加完善的跨文化培训体系，包括加强跨文化案例教学、拓展跨文化实践机会，并利用现代信息技术提升跨文化培训的覆盖范围，以帮助教师更好地适应国际化教学环境。

（三）教师对海外文化环境的适应性挑战

教师在海外任教期间，需要面对不同的文化环境，其适应能力直接影响教学质量和职业发展。然而，当前的教师培训体系在海外文化适应性方面的支持仍然不足，使得部分教师在进入新的文化环境后面临较大的适应性挑战。

海外文化环境的适应性挑战主要体现在文化冲突、社会融入以及教学方式调整等方面。部分教师在跨文化环境中，由于对当地文化认知不足，可能在课堂管理、师生互动等方面产生适应问题。此外，在社会融入方面，部分教师可能因语言障碍、社交模式差异等因素，难以顺利融入当地社区，影响其职业稳定性和教学投入度。在教学方式调整方面，不同国家的教育理念和教学模式存在显著差异，部分教师可能难以快速适应当地的教育体系，影响课堂教学的有效性。

针对这些挑战，需要在教师培训中加强海外文化适应性训练，包括提供目标国文化背景介绍、创建文化适应工作坊以及建立海外教师支持网络，以帮助教师更顺利地融入新的文化环境，提高其跨文化适应能力。

（四）文化传播能力的考核与评估机制缺失

文化传播能力是汉语国际教育教师应具备的核心素养之一。然而，在现有的教师培训与评估体系中，文化传播能力的考核机制仍不够完善，导致教师在文化教学中的能力发展缺乏明确的评估标准。

文化传播能力的考核机制缺失主要体现在：其一，文化教学的评价指标体系尚不健全，部分考核体系仍然侧重于语言教学能力，而对文化传播能力的考查较少，使得教师在文化教学方面缺乏明确的能力提升方向。其二，文化传播的实践评估方式有限，部分教师在实际教学中可能面临文化传播效果难以量化的问题，使其在文化教学过程中难以进行自我调整。其三，由于文化传播能力涉及跨文化交流、跨学科知识融合等方面，现有的考核标准难以全面衡量教师的综合素养，阻碍了教师在文化传播方面的专业化发展。

解决此问题，需要在教师评估体系中增加文化传播能力的考核维度，制定科学的文化传播能力评价标准，并鼓励教师在教学过程中运用多元化手段提升文化传播效果，推动中华文化的有效传播。

（五）师资培训资源的分布不均衡

师资培训资源的分布不均衡是影响汉语国际教育教师专业发展的重要因素。在全球范围内，不同地区的汉语教师在培训资源的获取上存在较大差异，部分地区的教师难以获得系统的培训支持，影响其专业能力的提升。

培训资源的不均衡主要体现在：其一，部分国家和地区的汉语教师培训机构较少，教师难以获得持续性的专业发展支持，导致其教学水平难以得到有效提升。其二，部分在线培训资源的开发与推广仍不够充分，偏远地区的教师难以接触高质量的培训课程。其三，由于资金支持、政策导向等因素的影响，部分培训资源的分配不均，导致部分教师在培训机会、学习资源等方面处于劣势，影响了全球汉语教师队伍的整体素质提升。

为了改善这一状况，需要加强师资培训资源的全球化布局，推动优质培训资源的共享机制，并利用现代信息技术构建远程培训体系，以提高培训资源的可及性，确保更多教师能够获得持续的专业发展支持。

第三节 国际文化竞争与文化误解的挑战

一、全球化背景下的文化竞争格局

全球化加速了文化的流动和交融，同时也加剧了不同文化体系之间的竞争。在这一背景下，各国不仅在经济、科技领域展开竞争，也在文化传播与语言推广方面展开较量。汉语国际教育作为中华优秀传统文化传播的重要载体，必须在全球文化竞争格局中寻找适应性发展路径。当前，汉语国际教育面临来自多元文化传播竞争、英语文化霸权、其他外语教育体系的冲击以及跨文化传播中信息不对称等多重挑战。深入分析全球文化竞争的复杂格局，有助于明确汉语国际教育在全球文化生态中的位置，并优化其国际推广策略。

（一）多元文化环境下的文化传播竞争

全球化加速了文化的交融，同时也加剧了各国在文化传播领域的竞争。文化的影响力不仅体现于语言的推广，还涉及文化产品的输出、价值观的塑造以及国际话语权的主导权。在多元文化并存的背景下，各国纷纷强化自身文化传播战略，以提升本国文化的国际认同度。汉语国际教育作为中华优秀传统文化的重要传播载体，在这一竞争格局中既面临机遇又迎接挑战。分析多元文化环境下的文化传播竞争，有助于厘清汉语国际教育的优势与不足，并优化其国际化发展路径。

1. 文化传播体系的竞争性特征

文化传播的竞争性表现为各国在全球传播体系中对文化影响力的争夺。不同国家的文化传播体系在媒介渠道、传播模式、内容选择等方面各具特色，并根据其国家战略进行相应布局。一些国家借助全球化的媒介网络和跨国文化产业布局，使本国文化成为国际社会的重要组成部分，而另一些国家则采取文化保护政策，以抵御外来文化的影响。

在全球化文化竞争格局中，文化传播不仅关乎语言教育，还涉及影视、文学、新闻、互联网内容、社交媒体等多个领域。具有强大传播能力的文化体系往往能够塑造国际话语权，影响全球受众的认知方式。在这一过程中，文化传播不仅是语言的推广，更关乎文化认同、价值观塑造以及文化产品的接受度。汉语国际教育需要在这一竞争格局下找准定位，使其传播模式能够适应全球文化生态的变迁。

2. 跨文化适应与受众接受度的影响

在多元文化环境中，不同文化体系在受众中的接受度各不相同，文化传播的竞争不仅体现为内容的丰富性，还取决于受众的文化认同心理。文化传播需要考虑目标受众的文化背景、历史认同、社会价值观等因素，以提升受众对外来文化的接受度。部分文化体系在接受外来文化时倾向于选择与本土文化较为接近的内容，而对于文化差异较大的内容可能产生认知障碍。汉语国际教育在传播中华文化时，需要兼顾不同文化背景的学习者，平衡文化差异带来的认知挑战，以提升学习者的接受度和学习效果。

文化传播的有效性不仅依赖于内容本身，还受到传播方式的影响。在多元文化竞争环境下，一些文化体系借助多语种传播、文化符号再造、跨文化融合等策略，以增强目标受众的认同感。汉语国际教育在推动中华文化国际化的过程中，需要更加注重跨文化传播策略的灵活性，避免文化输出中的单向性，以实现文化传播的深层互动。

3. 媒介技术的发展对文化传播的影响

媒介技术的发展极大地改变了文化传播的方式，使文化竞争的形式更加多样化。在传统传播模式中，文化主要通过教育体系、文学出版、影视传媒等渠道进行传播，而随着数字技术的进步，文化传播逐渐呈现出去中心化、多渠道、多平台的发展趋势。新媒体技术的应用，使不同文化体系在国际传播中的竞争更加激烈，各国通过社交媒体、短视频平台、在线教育等手段，拓展文化传播的广度和深度。

在这一背景下，汉语国际教育需要更有效地利用新媒体技术，以提升中华文化的国际影响力。现代传播手段不仅能够增强文化的可接触性，还能提升文化传播的互动性，打破传统传播模式的单向性，使文化传播更符合当代受众的需求。此外，数字化传播能够降低文化传播成本，使汉语国际教育能够以更灵活的方式覆盖全球受众。如何在媒介技术的变革中优化文化传播策略，是汉语国际教育的重要议题。

（二）英语文化霸权对汉语推广的影响

英语作为全球主要国际通用语言，在文化、经济、科技等诸多领域长期占据主导地位。英语文化霸权不仅影响了全球语言学习的格局，还塑造了全球文化传播的主流方向，使非英语语言在国际传播中面临挑战。在这一背景下，汉语国际教育需要应对英语文化霸权的影响，提升汉语的国际竞争力。

1. 英语文化霸权的历史形成及其机制

英语的全球化传播并非偶然，而是多重历史、政治、经济和文化因素共同作用的结果。随着近代全球化进程的推进，英语逐步成为国际贸易、科技交流、学术研究等领域的主要语言，并在全球范围内建立了广泛的语言优势。许多国家将英语作为官方语言或主要外语，进一步巩固了其全球语言地位。在文化传播方面，英语国家通过国际传媒、影视产业、互联网技术等手段，使英语文化在全球范围内具备较强的渗透力。

英语文化霸权的形成不仅体现在语言使用的广泛性上，还体现在全球话语权体系的建构上。英语作为国际主要学术和商业语言，使得非英语国家在国际交流中要以英语作为主要交流工具，这种语言优势进一步强化了英语文化的影响力。在文化传播方面，英语文化的内容生产能力较强，使其在国际受众中占据较大市场份额，导致其他语言文化在国际传播中的竞争力相对较弱。

2. 英语文化霸权对汉语国际教育的制约

英语文化霸权对汉语国际教育的影响主要体现在语言传播的资源分配、文化传播影响力以及语言学习者的选择偏好等方面。在全球语言教育体系中，英语教育占据较大比重，许多国家的教育体系对英语教学的投入远高于其他语言，使得汉语教育在部分国家的外语学习体系中处于相对次要的位置。此外，受英语文化影响，部分学习者在选择外语学习时，更倾向于选择全球通用度较高的语言，而非使用范围相对较小的语言，这在一定程度上影响了汉语的推广力度。

英语文化的主导地位还影响了全球受众对其他文化的认知方式。部分国际受众在文化接受过程中，可能倾向于以英语文化的视角解读其他文化，而这种文化解读方式可能导致对汉语及中华文化的片面理解。在汉语国际教育的推广过程中，如何打破英语文化中心主义的影响，使学习者能够以更开放的视角理解中华文化，是一个需要深入研究的课题。

在全球文化竞争日益激烈的背景下，汉语国际教育需要不断优化其推广策略，以便在全球语言生态中占据更有利的位置。如何在英语文化霸权的背景下提升汉语的国际影响力，是汉语国际教育未来发展的关键议题。

（三）其他外语教育体系对汉语国际教育的冲击

全球语言教育体系的竞争日趋激烈，各国在推广本国语言的过程中，采用多元化策略以提升其国际影响力。汉语国际教育在全球范围内的推广不仅面临英语文化霸权的影响，还受到其他外语教育体系的冲击。西班牙语、法语、德语、阿拉伯语等语言在国际社会中均占据一定地位，并在各自的语言政策、教育资源、文化推广策略等方面形成较为稳固的体系。这些语言教育体系的竞争，使得汉语国际教育在某些地区难以占据主导地位，影响了其传播范围和受众接受度。

1. 全球主要外语教育体系的竞争格局

各国主要语言的推广不仅依赖于教育体系的完善程度，还与国家政策、经济影响力以及文化输出能力紧密相关。西班牙语作为世界上使用人口较多的语言之一，在多个拉美国家及欧洲地区具有较强的影响力，其语言推广主要依靠西班牙及拉美国家的官方机构，以及与西语国家在经贸、文化等领域的密切联系。法语则通过法语联盟（Alliance Française）等机构，在非洲、欧洲、北美等地推广，同时法语在国际组织中的使用地位也增强了其影响力。德语、俄语、阿拉伯语等语言的推广亦有相应的国际机构和政策支持，使得这些语言在特定地区形成较强的竞争力。

相较而言，汉语虽然在学习者数量上呈增长趋势，但在部分地区仍未能获得相应的政策和资源支持。在某些国家，受本土语言政策的影响，汉语学习者规模受到一定限制。此外，一些国家在外语教育体系建设中，仍然倾向于选择与其文化、历史、政治经济关系更为密切的语言，使得汉语教育的普及度受到影响。这种语言竞争格局，使得汉语国际教育在部分地区的推广面临较大阻力。

2. 外语教育体系的政策壁垒与文化适应性挑战

各国在外语教育体系政策的制定过程中，往往结合本国的社会需求和文化背景，以确保语言学习的实用性。这一政策导向，使汉语在部分国家的外语教育政策中所占比重较低，影响了其在当地教育体系的渗透率。此外，一些国家对于本土语言的保护政策，使得汉语的推广在某些地区受到政策性限制。例如，在某些国家的基础教育体系中，汉语未被列入主要外语选项，导致汉语学习者的数量增长缓慢。

文化适应性也是影响汉语国际教育推广的重要因素。部分国家的学习者在接受外语教育时，更倾向于选择与自身文化背景较为接近的语言，而汉语在部分地区的文化接受度相对较低。这种文化适应性的挑战，导致汉语教育在一些地区的推广难度较大。如何提高汉语的文化适应性，使其能够更顺利地融入不同国家的语言教育体系，是汉语国际教育需要深入研究的课题。

3. 外语教育资源的竞争与师资建设的差距

外语教育体系的竞争不仅体现于语言政策和文化适应性，还受到师资力量、教学资源、课程体系等因素的影响。在全球主要外语教育体系中，西班牙语、法语、德语等语言的推广依托完善的教学资源体系以及成熟的师资培养体系，而汉语教育在部分地区的资源建设存在不足。在某些国家，汉语师资储备不足，汉语教学质量难以保障，影响了学习者的学习体验。此外，一些国家的汉语课程体系尚未完全本土化，在教学方法、教材编写等方面难以满足学习者需求。

为了提升汉语在全球外语教育体系中的竞争力，需要进一步完善师资培养体系，加强本土化教材开发，优化课程设置，使汉语教育能够更加适应不同国家和地区的语言学习需求。同时，需要加强汉语教育与其他语言教育体系之间的合作，推动跨语言教育资源的共享，以提升汉语的全球竞争力。

（四）跨文化传播中的信息不对称问题

跨文化传播过程中，信息的准确传递是影响文化理解和认同度的关键。然而，不同文化背景下的信息获取方式、传播渠道、认知习惯存在差异，跨文化传播往往面临信息不对称的问题。这种信息不对称现象不仅影响受众对外来文化的认知，也可能导致误解、偏见甚至文化冲突。在汉语国际教育中，信息不对称现象的存在，使得中华文化的传播效果受到一定影响，如何减少这一问题，提升跨文化传播的准确性，是值得深入探讨的议题。

1. 信息不对称的来源与传播机制

信息不对称主要源于文化背景的差异、传播媒介的局限、语言翻译的误差以及受众认知模式的不同。在跨文化传播过程中，受众往往基于自身文化经验去解读外来文化，而这一解读过程受到信息的完整性、传播方式以及语境的影响。部分文化内容在传播过程中，可能因语境的变化而引发误解，使受众对外来文化的理解产生偏差。此外，信息传播渠道的选择也影响了信息的传递效果，不同媒体平台对于文化内容的呈现方式可能存在差异，从而影响受众对文化信息的接收程度。

在汉语国际教育的传播过程中，信息不对称现象表现为学习者对汉语及中华文化的理解存在认知偏差。部分学习者在接触汉语时，由于缺乏相关文化背景知识，难以准确理解语言背后的文化意义。此外，在文化传播过程中，部分中华文化内容因翻译不当、信息筛选等问题，受众无法全面理解其内涵，导致文化传播效果被削弱。

2. 跨文化语境下的认知差异与误读

不同文化体系的受众在接收信息时，往往基于自身的文化背景和价值体系进行解读，这种认知差异可能造成文化传播误读。在汉语国际教育的跨文化传播中，部分学习者可能会将中华文化与本土文化体系进行对比，并基于本土文化的逻辑进行解读，这种解读方式可能与文化原意存在一定偏差。此外，由于部分文化概念在不同语言体系中缺乏直接对应关系，使得某些文化内容在传播过程中难以被受众准确理解。

为了减少跨文化传播中的认知误读，需要在汉语国际教育中加强文化背景知识的教学，助力学习者更全面地理解汉语背后的文化内涵。此外，在跨文化传播过程中，应采取更加灵活的传播策略，如运用多语种讲解、结合本土文化进行对比分析等方式，以提升信息传播的准确性。

在全球文化交流日益紧密的背景下，如何减少跨文化传播中的信息不对称问题，是提升汉语国际教育传播效果的重要方向。通过优化传播方式、提升文化教学质量、增强受众的文化理解能力，可以有效减少信息误解，提高汉语国际教育的国际影响力。

二、中华文化传播中的误解与刻板印象

中华文化在全球传播的过程中，受到不同文化背景、历史认知以及信息传

播方式的影响，常常遭遇误解，被贴上刻板印象的标签。这些误解不仅影响国际社会对中华文化的认知，也对汉语国际教育的推广造成一定阻碍。语言与文化的传播并非单向输出，而是在全球文化竞争格局下的一种交互过程。当受众的文化背景、社会价值体系或信息来源存在偏差时，对中华文化的理解往往会偏向于片面甚至产生误读。因此，从传统文化与现代社会发展的关联误读、特定文化元素的片面化解读、文化传播过程中的翻译与认知偏差、汉语语言习惯与文化表达的误解以及国际媒体对中华文化的误读与影响等方面展开分析，有助于厘清文化传播障碍，并为未来的传播策略提供科学依据。

（一）传统文化与现代社会发展的关联误读

中华文化的传播在国际社会中受到广泛关注，但部分受众在理解传统文化时，容易将其与现代中国的发展割裂开来，造成对中华文化整体认知失衡。这种误读往往源于文化背景的差异、历史认知的滞后以及传播方式的局限性。一些受众可能将中华传统文化视为静态的历史遗产，而忽视其在现代社会中的动态发展。与此同时，部分文化传播渠道在推广中华文化时，过度强调传统元素，而对其在现代社会中的创新性和适应性描述较少，进一步加深了国际社会对中华文化的刻板印象。

文化认知的误差还可能影响对当代中国社会发展的理解。在国际语境下，中华文化的传播常常聚焦于历史悠久的文化符号，如儒家思想、古典艺术、传统习俗等，而忽略了现代社会对于这些文化的再创造与再诠释。这种传播方式虽然强化了中华文化的独特性，但也可能导致外界认为中华文化是封闭和固守传统的，而忽视了其在科技、艺术、社会发展等方面的现代化进程。因此，在汉语国际教育的文化传播过程中，需要注重平衡传统与现代，展现中华文化在当代社会的活力与创新力，以减少国际社会的认知偏差。

（二）特定文化元素的片面化解读

中华文化的多元性决定了其传播过程中可能面临的解读挑战。在不同文化背景下，受众对于中华文化的理解往往会受到自身认知结构和已有文化经验的影响，导致某些特定文化元素的片面化解读。部分受众在接触中华文化时，可能倾向于以母语文化为参照体系，而忽略中华文化内部的多样性和复杂性，从而形成片面认知。

特定文化元素的片面化解读可能影响跨文化交流的质量。在汉语国际教育的课堂上，部分学习者可能将某些文化概念进行简单化处理，而忽略其历史背景和文化逻辑。这种现象在跨文化交际中尤为明显，某些文化符号可能在目标文化环境中被赋予新的意义，与其原有文化背景产生偏离。这种现象不仅影响学习者对中华文化的准确理解，也可能在跨文化交流中引发误解，甚至造成文化冲突。因此，在中华文化的国际传播过程中，需要加强文化内容的多维度呈现，避免单一化和片面化的传播方式。

（三）文化传播过程中的翻译与认知偏差

语言是文化传播的桥梁，但翻译过程中可能出现的语义偏差和认知误差，往往会影响受众对中华文化的理解。由于不同语言体系在语法、表达方式和文化逻辑上的差异，某些中华文化概念在翻译过程中可能难以找到精准的对应词，导致其原意被扭曲或弱化。此外，不同国家的受众在解读翻译内容时，可能会受到母语文化的影响，从而对文化概念产生不同的理解。

翻译的不准确性可能导致文化传播中的信息失真。在汉语国际教育的课堂上，部分学习者可能因为翻译方式不同，而对某些文化概念产生误解。例如，某些具有深厚文化内涵的汉语词汇，在目标语言中可能找不到完全对应的表达方式，导致学习者难以准确理解其文化意涵。此外，在跨文化传播中，某些概念在不同语境下的使用方式可能有所不同，导致文化信息在传播过程中产生偏差。因此，在文化传播过程中，需要加强翻译质量的把控，提升跨文化语境下的精准表达能力，以减少因翻译产生的认知误差。

（四）汉语语言习惯与文化表达的误解

汉语作为一门高度依赖语境的语言，其表达方式在跨文化传播过程中容易引发误解。部分受众习惯线性逻辑表达方式，在学习汉语时可能会对汉语的结构特点、语序安排、隐含意义等产生理解偏差。此外，汉语中的敬辞、谦辞、委婉表达等文化特征，在不同文化背景下的解读可能存在差异，导致语言学习者在实际交流中难以准确把握语言的使用场景。

在跨文化交际中，汉语的表达方式可能与目标文化的沟通模式存在较大差异。例如，汉语中的语境依赖性较强，许多表达需要结合具体情境进行解读，而部分学习者可能习惯于直接、明确的语言表达方式，这种差异可能导致沟通中的误解。此外，汉语中的某些表达方式在不同文化背景下可能被赋予不同的意义，使学习者在实际交流中难以准确理解对方的意图。因此，在汉语国际教育的教学过程中，需要加强对学习者跨文化语境适应能力的培养，以减少语言表达中的误解，提高跨文化交际的有效性。

（五）国际媒体对中华文化的误读与影响

国际媒体是文化传播的重要渠道，但部分国际媒体在报道中华文化时，可能受信息选择、叙事方式、意识形态等因素影响，会对中华文化产生误读。这种误读可能影响国际社会对中华文化的整体认知，并进一步加剧文化传播中的刻板印象。部分媒体在传播中华文化时，可能倾向于选择某些特定的文化符号，而忽视其背后的历史逻辑和社会背景，导致受众对中华文化的理解趋于单一化。

国际媒体的文化传播策略在一定程度上塑造了全球文化的认知体系。在某些语境下，国际媒体可能会通过特定叙事方式建构对中华文化的特定印象，而这些印象可能与中华文化的本质存在差异。这种媒介影响不仅影响普通受众对中华文化的理解，也可能对汉语国际教育的推广产生间接阻碍。因此，在汉语国际教育的传播策略中，需要充分考虑国际舆论环境，增强中华文化的主动传播能力，降低国际媒体误读带来的负面影响，提升中华文化的国际话语权。

三、文化误解对汉语国际教育的影响

文化误解是跨文化交流中的常见现象，在汉语国际教育的全球推广过程中，受众的文化背景、认知模式以及社会环境等因素都会影响其对汉语及中华文化的理解。文化误解不仅会削弱学习者的学习兴趣和学习体验，还可能在更深层次上阻碍汉语课程的推广，削弱跨文化交际能力的培养，并对文化传播策略的调整提出更高要求。因此，深入分析文化误解对汉语国际教育的影响，有助于优化跨文化教学模式，提高汉语国际教育的传播效果。

（一）文化偏见对学习者兴趣的削弱

学习兴趣是影响语言学习效果的重要因素，而文化偏见可能成为影响汉语学习者兴趣的关键障碍。在跨文化传播中，受众对于异质文化的接受程度往往受到既有文化认知体系的影响。当学习者对中华文化存有刻板印象或误解时，可能会对汉语学习产生排斥心理，从而影响其学习动力和持续性。

文化偏见的产生可能源于多个方面。其一，部分学习者的文化认知建立在单一的信息来源之上，信息传播的不对称性可能导致其对中华文化的误解，从而降低对汉语的兴趣。其二，某些国际媒体或文化传播渠道可能以特定视角对中华文化进行诠释，导致部分受众形成偏见，这种认知偏差可能进一步影响其对汉语的学习态度。其三，在某些国家或地区，中华文化的传播方式可能未充分考虑当地文化的接受习惯，会使学习者在接触汉语时产生距离感，进而影响其学习兴趣。

为了减少文化偏见对学习者兴趣的削弱，需要在汉语国际教育中加强跨文化理解的培养，帮助学习者在开放的文化视角下理解汉语和中华文化。此外，需要改进文化传播方式，增强文化叙事的多元性和互动性，使学习者能够在更真实的文化情境中体验汉语，进而提升学习兴趣。

（二）文化误解对汉语课程接受度的影响

汉语课程的接受度是影响汉语国际教育推广效果的关键因素，而文化误解可能成为影响课程适应性和推广范围的重要障碍。在不同文化背景下，学习者对语言课程的接受度不仅取决于语言本身的难度，还受到文化内容的影响。如果学习者在文化认知上对汉语课程产生误解，可能会降低其对课程的投入度，甚至导致中途放弃学习。

文化误解对课程接受度的影响主要体现在以下几个方面。首先，部分学习者可能因对汉语及中华文化的片面认知，认为汉语学习难度较高或与母语文化无关，从而降低学习动力。其次，在某些教育体系中，汉语课程的内容设计可能未充分考虑学习者的文化背景，导致课程内容在目标文化环境中的适应性较低，使学习者难以融入。最后，一些课程在文化教学过程中可能采用过于单一的文化叙事方式，使学习者无法从母语文化视角建立对汉语的认同感，从而影响其对课程的长期投入。

为了提升汉语课程的接受度，需要优化课程内容，使其在尊重中华文化核心价值的同时，适应不同文化背景的学习需求。同时，需要加强文化教学的灵活性，使文化传播多维度地融入语言课程，增进学习者对中华文化的理解与认同。

（三）文化传播策略调整的必要性

文化误解的存在，促使汉语国际教育在全球推广过程中不断调整传播策略，以适应不同受众的文化认知习惯。在全球化背景下，文化传播不仅是信息的单向输出，更是文化之间的双向互动。在汉语国际教育的传播过程中，如果未能充分考虑受众的文化背景、认知模式以及信息接受习惯，可能会加剧文化误解，影响传播效果。

文化传播策略的调整需要从多个方面入手。首先，需要在汉语国际教育中加强文化对比研究，通过文化比较的方式，使学习者能够在熟悉的文化框架中理解汉语及中华文化，降低文化误解的可能性。其次，需要灵活运用现代传播技术，如人工智能、虚拟现实等手段，以增强文化传播的互动性，使学习者在更具沉浸感的环境中领会中华文化。最后，需要加强跨文化传播人才的培养，使汉语教师和文化传播者能够更精准地理解目标文化，并采用适当的传播策略，以减少文化误解的发生。

（四）文化误解对跨文化交际能力培养的阻碍

跨文化交际能力的培养是汉语国际教育的重要目标之一，而文化误解可能成为影响学习者跨文化交际能力发展的关键因素。在跨文化环境中，语言不仅是沟通工具，更是文化认同的重要媒介。当学习者对目标文化存在误解时，可能会在实际交际过程中出现沟通障碍，影响其跨文化交际的有效性。

文化误解对跨文化交际能力的影响主要体现在语言使用、文化适应性以及沟通策略等方面。部分学习者在汉语学习过程中，可能由于文化背景知识匮乏，无法准确理解汉语中的隐含意义，从而在实际交际中产生语用偏误。此外，在跨文化交流中，学习者如果对中华文化的交际模式缺乏理解，可能会在沟通方式上与母语者产生较大差异，影响交际的顺畅性。此外，部分学习者在跨文化交际过程中可能因文化误解产生心理障碍，影响其自信心，进而降低跨文化交流的积极性。

为提升学习者的跨文化交际能力，需要在汉语国际教育中加强跨文化交际训练，使学习者在语言学习的同时，能够理解和适应不同的文化语境。此外，需要强化文化实践环节，让学习者在真实的跨文化情境中提升交际能力，减少文化误解对交际能力培养的负面影响。

四、文化传播政策与环境的制约

文化传播政策和环境因素对汉语国际教育的推广起着至关重要的作用。在全球化与文化多元化交织的背景下，各国基于自身的政治、经济和社会需求，制定不同的文化传播政策。这些政策不仅影响外来文化的传播渠道，也对汉语国际教育的实施构成了直接或间接的制约。此外，国际舆论环境、政策执行力度及文化审查制度的差异，也进一步影响了中华文化在全球范围内的推广效果。因此，从目标国文化政策的限制、国际舆论环境的影响、文化传播政策的协调性、执行力度的不足及文化审查制度的不同等方面展开分析，有助于厘清汉语国际教育在文化传播政策和环境层面的挑战，并提出优化策略。

（一）目标国文化政策的限制与壁垒

各国文化政策的制定往往具有较强的本土保护倾向，以维护本国文化的独立性和影响力。因此，在汉语国际教育的推广过程中，部分目标国的文化政策可能会对外来文化的传播设置一定壁垒，影响中华文化的推广范围和传播深度。

文化政策的限制主要体现在教育体系、语言推广资源分配、文化内容审查等方面。在某些国家，本土语言文化的优先地位受到政策保护，使外语教育的资源分配受到限制，影响汉语课程的开设。此外，在部分地区，汉语国际教育的推广可能需要经过较为严格的文化审查程序，部分涉及中华文化核心价值观的内容可能因政策壁垒而受到传播限制。这些政策壁垒不仅削弱了汉语教育的推广力度，还在一定程度上塑造当地社会对中华文化的认知框架，从而影响学习者对汉语及中华文化的接受度。

面对这些政策壁垒，汉语国际教育需要采取灵活的适应策略，包括加强与目标国教育机构的合作，推动双边文化交流项目，以减少文化政策对汉语国际教育的制约。此外，在课程设计和文化传播方式上，需要充分考虑目标国的文化接受习惯，使中华文化能够以更贴合当地需求的方式进行传播。

（二）国际舆论环境对文化传播的影响

国际舆论环境在很大程度上决定了外来文化在不同国家的接受程度。中华文化的国际传播不仅受到官方政策的影响，还受到国际舆论体系的制约。在全球信息化发展的背景下，各国媒体对外来文化的报道方式、社会舆论导向以及跨文化交流的议题设置，都会影响受众对中华文化的理解和接受。

国际舆论对文化传播的影响主要体现在信息筛选、传播角度和议题设定等方面。部分国际舆论在报道中华文化时，可能基于特定的政治或文化立场进行信息筛选，使部分文化内容在国际传播中处于弱势地位。此外，在某些情况下，国际舆论可能倾向于从特定角度解读中华文化，使其传播形象在目标受众中产生偏差。这种舆论导向不仅影响普通受众对中华文化的认知，也可能对汉语国际教育的推广产生间接影响，使学习者在接触汉语时形成既有的文化偏见。

在面对国际舆论环境的挑战时，汉语国际教育需要强化自身的话语权，推动中华文化的主动传播能力。通过新媒体技术、多语种传播以及国际文化交流项目的开展，可以增强中华文化在全球舆论环境中的能见度和影响力。此外，需要积极与国际社会进行文化对话，消除可能存在的文化偏见，使中华文化在全球传播中能够获得更加公平的表达空间。

（三）缺乏统一协调的文化传播政策

文化传播的有效性不仅取决于内容的丰富性和受众的接受度，还受到传播政策的统一性和协调性的影响。目前，汉语国际教育的推广仍然存在一定的政策碎片化问题，导致不同地区、不同机构在推广策略上的不一致，影响了中华文化的整体传播效果。

缺乏统一协调的文化传播政策，使汉语国际教育在全球推广中面临多重挑战。一方面，不同地区的汉语教育机构可能采用各自独立的推广方式，缺乏整体性的规划和资源整合，影响了汉语教育的系统性和持续性。另一方面，在文化传播政策的执行上，部分地区的汉语推广项目可能受到资源分配不均、政策调整频繁等因素的影响，使推广效果难以长期稳定。

　　为提高文化传播政策的协调性，需要建立更具全球化视野的文化传播机制，推动汉语国际教育的跨国合作，优化资源配置，使文化传播政策更加系统化。此外，需要建立更加稳定的政策执行体系，使汉语教育的推广能够在不同国家和地区持续发挥影响力。

（四）文化传播政策的执行力度不足

　　文化传播政策的制定与执行之间往往存在一定的落差。在部分国家或地区，即使制定了相应的汉语推广政策，但因执行机制不完善，政策落地的效果可能并不理想。执行力度的不足，可能导致汉语国际教育的推广面临资源短缺、教学体系不稳定、文化活动覆盖面不足等问题。

　　政策执行力度不足的原因主要包括资金投入的限制、跨部门协调的缺失以及目标国对外来文化传播的接受度等因素。在某些地区，由于汉语教育的推广资金有限，部分教学机构可能难以长期维持稳定的汉语课程。此外，由于文化传播政策涉及多个部门和机构，若缺乏有效的协调机制，可能导致政策执行中管理效率低下，影响推广效果。

　　为提高文化传播政策的执行力度，需要加强政策执行的监督机制，确保汉语国际教育的推广能够获得稳定的资金支持和管理保障。同时，需要优化政策执行方式，加强不同机构之间的协调合作，使文化传播政策能够在全球范围内形成更加稳定和可持续的实施体系。

（五）不同国家文化审查制度的差异

　　文化审查制度是影响外来文化传播的重要政策因素。不同国家在文化审查方面的标准和执行方式存在较大差异，这些审查制度的不同可能影响汉语国际教育的教材内容、文化传播方式以及跨文化交流活动的实施。

文化审查制度的差异，主要体现在内容筛选、语言使用规范、文化价值观的取向等方面。在某些国家，外来文化传播可能需要经过严格的内容审查，而审查标准的不同可能导致部分汉语教学材料在目标国无法顺利推广。此外，在跨文化交流活动中，部分文化表达方式可能受到审查制度的限制，使汉语国际教育的推广方式需要进行相应调整。

　　针对文化审查制度带来的挑战，汉语国际教育需要在课程设计和文化传播策略上进行适应性调整，使传播内容既能保持中华文化的核心价值，又能符合目标国的文化传播政策。同时，需要加强与目标国文化管理机构的沟通，建立更加开放的文化交流机制，以降低审查制度对文化传播的影响。

第四章　中华优秀传统文化在汉语国际教育中的传播策略

第一节　中外文化交流中的文化误解与应对策略

一、文化误解形成的深层原因探究

在汉语国际教育的跨文化传播过程中，文化误解是一个不可忽视的问题。文化误解的产生源于多种复杂因素的交互作用，不仅涉及文化背景的巨大差异，还与信息传播的片面性、媒体报道的倾向性、历史文化偏见的延续以及个体认知的局限性密切相关。这些因素共同作用，使得目标受众对中华文化的理解可能出现偏差，甚至引发文化冲突。因此，对文化误解形成的深层原因进行深入探究，对于优化汉语国际教育的文化传播策略、提升文化沟通的有效性至关重要。

（一）文化背景的巨大差异

文化背景的差异不仅是跨文化交际的核心挑战，也是导致文化误解的重要因素。在全球化进程加速的背景下，文化接触日益频繁，但由于不同文化体系的形成受到历史、社会、哲学和语言等多重因素的影响，文化间的根本性差异依然存在。这种差异不仅表现在价值观、社会结构和思维模式上，还在语言表达、行为规范以及情感表达方式等方面有所体现。因此，在汉语国际教育中，面对文化背景的巨大差异，需要深入分析其本质及其对文化误解形成的具体影响，以便制定更为精准的应对策略。

1. 文化价值观与思维模式的深层差异

文化价值观决定了个体对世界的理解方式、行为选择和社会互动模式。中华文化长期受儒家、道家和佛家思想的深刻影响，强调集体主义、伦理秩序、等级观念以及人与自然和谐共生。在这种文化体系下，社会成员的身份认同与群体关系密不可分，言语表达往往带有隐喻性和委婉性，注重含蓄与间接沟通，以维护社会关系的和谐。

相较之下，西方文化在启蒙运动和工业革命的影响下，形成以个人主义、契约精神和法律至上为核心的价值体系。在这种背景下，个体的权利和自由受到高度重视，直接表达、逻辑推理和理性讨论成为主流的交际方式。这种价值观的差异在跨文化交流中可能导致误解。例如，部分外国学习者可能会将汉语表达的模糊性理解为缺乏清晰的逻辑，而汉语学习者则可能觉得西方直接的沟通方式突兀甚至不礼貌。

思维模式的不同也是文化差异的重要表现。东方文化倾向于整体性思维，关注事物之间的相互联系，强调综合性和背景依赖性；而西方文化更倾向于分析性思维，注重逻辑推理和独立分析。在汉语学习中，这种思维差异可能影响学习者对汉语语法、语境和表达方式的理解。例如，汉语中大量使用语境依赖性的表达，而西方语言更强调语法规则的清晰性，这种差异可能会导致学习者在理解汉语时产生困惑。

2. 社会结构与文化实践的影响

不同社会结构对文化的塑造也会引发文化误解。中华文化历史上长期以农业文明为基础，强调群体协作、长幼有序以及社会关系稳定，因此在语言表达和文化互动上更加注重人际关系的协调。相比之下，工业化进程较早的国家，其社会结构建立在市场经济和竞争机制之上，人与人之间的关系更倾向于契约化和功能性，文化互动更加强调规则和透明度。

社会结构的不同影响了文化实践方式的形成。例如，在中华文化体系下，礼仪占据重要地位，许多社会交往行为都以维护人际和谐为核心。这种文化实践在跨文化交流中可能引发误解，部分西方学习者可能会认为某些礼仪性表达缺乏真实性，而中华文化背景下的学习者则可能认为西方文化的直言不讳是对人际关系的不尊重。

社会文化实践的不同还体现在教育理念上。中华文化背景下的教育体系强调师生之间的权威关系，学习者倾向于遵循教师的指导，而西方教育体系更加强调批判性思维和独立探索。在汉语国际教育的课堂中，这种教育理念的差异可能导致文化误解，部分外国学习者可能会对课堂中的教学模式感到不适应，甚至误解教师的教学方式过于传统或缺乏互动性。

3. 语言与非语言交际的差异

语言不仅是文化的载体，也是文化思维模式的体现。汉语属于高语境语言，强调语境信息的重要性，言外之意常常比字面意思更为重要。相比之下，西方语言多为低语境语言，强调语义的明确性，交流过程中较少依赖语境信息。因此，在汉语国际教育中，这种语言特征差异可能导致学习者对汉语表达方式的误解。

非语言交际方式的差异同样是跨文化误解的来源。中华文化背景下的非语言交际方式包括语调、身体语言、表情以及文化符号的使用，而这些方式在不同文化体系中的含义可能截然不同。部分学习者可能由于对汉语非语言交际方式的不熟悉，而误解某些文化行为的真正含义，从而影响跨文化交流的顺畅进行。

（二）信息传播的片面性与偏差

信息传播是跨文化交流的重要环节，但在文化传播过程中，受传播主体、传播渠道、信息选择和受众理解能力等多重因素的影响，信息传播往往呈现出片面性和偏差。这种传播过程的不完整性可能导致学习者对中华文化的认知产生偏差，甚至强化已有的刻板印象。因此，需要深入探讨信息传播过程中可能存在的问题，以优化文化传播策略，提升中华文化在国际上的认知度和接受度。

1. 传播主体的选择性输出

文化传播的主体包括政府机构、教育机构、媒体、出版行业以及自媒体创作者等，这些主体在文化传播过程中往往根据自身立场和目标选择性地呈现文化内容。这种选择性输出可能导致中华文化的某些方面被过度强调，而其他重要内容则被忽略，使得目标受众对中华文化形成片面理解。

在汉语国际教育领域，教材、课程设置和教学内容的选择往往受到传播主体的影响。如果教材内容以传统文化为核心，对现代中国的科技发展、社会变迁等内容涉及较少，学习者可能会形成"中华文化是静态的、传统的"这一误解。此外，一些文化传播主体在对外宣传时，可能更倾向于强调文化的独特性，而忽略其与世界文化的共通性，这种叙述方式容易加剧文化之间的对立，不利于相互理解。

2. 媒体传播的碎片化与误导

当代信息传播高度依赖社交媒体、短视频平台和网络新闻，而这些传播渠道的特点决定了信息的碎片化特征。在社交媒体上，文化信息往往被简化为短视频、图片或片段式叙述，这种呈现方式虽然能够快速吸引受众，但缺乏完整的背景信息，使得文化传播变得零散，容易被误读。

媒体在文化传播过程中还存在一定的倾向性。部分国际媒体在报道中华文化时，可能会选取符合自身叙事逻辑的文化元素，而忽略更全面的文化背景。这种倾向性报道可能强化既有的文化刻板印象，使受众对中华文化的理解停留在片面甚至错误的层面。

3. 受众的文化认知局限

信息传播的效果不仅取决于传播者，还受到受众自身文化认知水平的影响。受众在接触外来文化时，倾向于使用已有的文化框架来理解新信息，如果文化传播的内容未能充分考虑受众的认知习惯，就可能导致文化误解的加深。在汉语国际教育中，受众如果缺乏系统的文化学习和对比分析，可能会在理解汉语语言与文化内容时产生误读，影响文化交流的有效性。

（三）媒体报道的倾向性误导

在跨文化传播情境下，媒体报道在塑造文化认知、影响社会舆论方面扮演着至关重要的角色。然而，由于媒体机构的立场、商业利益、社会意识形态以及受众偏好的不同，媒体传播的信息往往带有一定的倾向性。这种倾向性可能导致中华文化在国际社会中的形象片面化、标签化甚至引发误导性认知，从而加深文化误解，阻碍文化的有效交流。

1. 媒体议程设置对文化认知的影响

媒体的议程设置理论认为，媒体机构通过选择报道内容、设置话题优先级以及控制信息呈现方式，间接塑造了受众对特定事件或文化现象的关注度和理解角度。在文化传播过程中，媒体对中华文化的报道往往具有选择性，使得受众在有限的信息输入下形成对文化的单一认知。部分国际媒体在报道中华文化时，可能会过度关注某些特定方面，而忽略文化的整体性，使受众难以构建全面的认知体系。

这种议程设置还涉及对中华文化的符号化和简化处理。在全球媒体竞争激烈的环境下，为了迎合受众的兴趣点，部分媒体可能会对文化现象进行情境化重塑，以符合特定文化叙事的逻辑。这样的传播方式不仅削弱了受众对中华文化的深度理解，还容易使文化信息被误读，从而形成刻板印象。

2. 文化报道中的叙事偏差

在跨文化传播中，叙事框架是影响文化认知的重要因素。媒体在报道中华文化时，不仅决定传播内容，还在很大程度上塑造受众对中华文化的情感倾向。不同媒体的叙事方式可能存在偏差，使文化传播呈现出特定的倾向性。某些媒体在涉及中华文化的报道中，可能会采用对比式叙事，即将其与西方文化进行二元对立的比较，强调文化之间的差异而非共性。这种叙事方式容易使受众形成文化对立的认知，忽视不同文化间的互动与融合。

此外，一些媒体在传播中华文化时，可能过度突出传统文化的独特性，而对现代文化的发展缺乏足够的关注，使中华文化在国际社会的形象过于单一。这种叙事偏差可能导致受众对中华文化的理解停留在静态的传统层面，而忽视了其动态演进和创新发展，从而影响文化传播的准确性。

3. 新闻报道的选择性剪裁与误导性解读

媒体在进行新闻报道时，通常会根据传播目标和受众需求，对信息进行筛选、剪裁和解读。然而，这种选择性报道可能导致文化信息失真。部分国际媒体在报道涉及中华文化的新闻时，可能会突出某些文化现象，而对其历史背景、社会语境以及文化逻辑缺乏深入阐述，导致受众对文化内容的理解片面化。

此外，媒体在跨文化传播中的翻译策略也可能导致文化误解。在传播中华文化时，一些概念、习俗或历史事件的翻译可能受到特定文化语境的影响，从而产生偏离原意的解释。这种翻译误差不仅会导致受众对文化内容的误解，还可能在某些情况下加深文化冲突。

4. 社交媒体的算法机制与信息回音壁效应

在数字化传播时代，社交媒体已成为文化传播的重要载体。然而，社交媒体的信息传播受制于算法推荐机制，受众往往只能接收到符合自身偏好和已有认知的信息，从而形成信息"回音壁效应"（Echo Chamber Effect）。这一现象加剧了文化传播的片面性，使不同文化背景的受众更难接触到完整、多元的文化信息。

社交媒体的传播方式还带来了信息碎片化问题。由于短视频、微博、图片等信息载体的传播速度快、内容简短，中华文化在跨文化传播中的信息往往被过度简化，导致文化信息的深度表达受限。这种碎片化传播方式虽然能够快速吸引受众关注，但容易削弱文化的整体性和连贯性，使文化传播的质量受到影响。

（四）历史文化偏见的延续

历史文化偏见的形成与长期的文化交流、政治博弈、经济竞争及历史叙事密切相关。这种偏见不仅影响了国际社会对中华文化的认知，也在一定程度上塑造了全球文化传播的结构性障碍。由于历史文化偏见的深层根源涉及多个层面，需要从历史叙事、文化教育、国际话语体系以及文化互动机制等角度进行深入探讨，分析其如何影响跨文化传播的有效性。

1. 历史叙事的单向性影响文化认知

历史叙事是一种强有力的文化塑造工具，它不仅决定了人们如何理解过去，也影响着当前的文化认知。在全球化进程中，不同国家或地区的历史叙事体系存在较大的差异，而这些差异直接影响着受众对中华文化的认知方式。某些国家在历史教材中，对中华文明的描述受本国文化视角的影响，致使受众对中华文化的认知存在偏差。

这种单向性的历史叙事还可能导致中华文化在国际社会中被固化为特定形象。例如，部分历史叙事将中华文化与特定历史阶段简单绑定，而忽视了其在不同时期的演进和多样性，从而影响受众对中华文化的动态理解。

2. 文化教育体系的影响

教育体系在文化传播和认知建构中起着基础性作用。如果文化教育体系中存在对某些文化的刻板印象或偏见，那么这些认知模式便可能长期影响受众对中华文化的看法。部分国家的教育体系在教授世界历史和文化时，以本土文化为中心，缺乏对中华文化的深入分析，使得学习者难以形成对中华文化的全面认知。

此外，教材内容的选择和呈现方式也可能影响文化理解。某些国际教材在涉及中华文化时，倾向于突出某些特定的历史事件，而对中华文化的发展脉络和内在逻辑缺乏充分阐述。这种片面的文化教育体系容易使学习者形成固定的文化认知模式，影响跨文化交流的开放性。

3. 国际话语体系的不平衡影响文化传播

国际话语体系的主导权长期由特定文化背景的国家掌握，这种不平衡的文化传播环境使得中华文化在国际交流中往往处于被动接受的地位。由于国际文化传播体系受特定政治、经济和文化力量的影响，中华文化在传播过程中面临文化边缘化的困境。

在全球文化传播体系中，话语权的不均衡使得中华文化的表达方式受到限制，部分文化符号可能被误解甚至被重新定义。话语体系的不平衡不仅影响文化传播的主动性，也使得中华文化的多样性在国际传播中难以得到充分展现，进一步加剧了历史文化偏见的延续。

4. 文化互动机制的缺乏

跨文化理解的深化离不开有效的文化互动机制。如果不同文化体系之间缺乏深入的互动，那么文化偏见将难以消除。长期以来，部分国家在文化交流过程中更倾向于强调自身文化优势，而对其他文化持封闭态度，使得文化误解在代际之间不断传递，影响跨文化交流的质量。因此，构建更加多元、互动的文化交流机制，对于消除历史文化偏见、增强文化理解具有重要意义。

（五）个体认知局限与刻板印象

文化误解的形成不仅受到宏观社会、历史及媒体环境的影响，也受到个体认知结构的制约。在跨文化交流中，个体的认知方式、信息加工模式以及对外部世界的感知能力，都会直接影响其对外来文化的理解和接受度。当个体以母语文化体系作为唯一的参照框架，并基于有限的信息形成对外来文化的理解时，文化误解便容易滋生。同时，刻板印象的固化进一步加深了外来文化的偏见，阻碍文化交流中的相互理解。因此，从认知心理学、文化传播学和社会学等多学科视角，对个体认知局限与刻板印象的深层机制进行分析，有助于精准识别文化误解的成因，并制定针对性的应对策略。

1. 文化认知的选择性加工机制

个体对文化信息的接收与加工受已有认知框架的影响。在文化认知过程中，人们往往倾向于关注符合自身文化经验的信息，对不符合既有认知的信息表现出选择性忽视或误解。这种选择性加工是个体适应环境的一种自然认知策略，但在跨文化交流中却可能成为文化误解的重要根源。

认知心理学研究表明，个体在接触外来文化时，通常会以母语文化为标准进行对比分析。如果外来文化与其已有认知模式存在较大差异，个体可能会出现认知失调现象，即由于新信息与旧观念冲突而产生心理不适。在这种情况下，人们通过扭曲或简化外来文化信息，以使其与自身认知结构相符，而非主动调整自身的认知模式。如此一来，文化误解便会加剧，甚至演化为对外来文化的误读或排斥。

2. 文化归因偏差与刻板印象的形成

文化归因偏差是文化误解的重要心理机制。在跨文化交流中，个体往往通过归因解释他人的行为，并据此形成对外来文化群体的印象。然而，由于文化背景的不同，个体可能在归因过程中出现偏差，即以自身文化逻辑推测外来文化行为动机，而忽略文化背景的影响。这种归因偏差容易导致对外来文化的误读，使个体在理解外来文化行为时做出偏颇判断。

刻板印象的形成也是文化误解的关键因素。个体在面对不熟悉的文化时，通常会基于有限的信息形成对该文化的概括性认知，并将其投射到所有相关个体身上。刻板印象的强化往往与社会传播、教育环境以及群体认同机制密切相关。由于刻板印象通常是基于简化和归纳的信息建立的，它在跨文化交流中容易引发以偏概全的文化认知，使个体难以真正理解外来文化的复杂性和多样性。

3. 语言认知的局限性与文化误解

语言作为文化的载体，深刻影响个体的认知方式。在跨文化交流中，由于语言系统的差异，学习者可能会在语义理解、语法结构和语境运用等方面遇到困难，进而影响其对目标文化的准确认知。语言相对论认为，不同语言体系塑造了不同的世界观，这意味着个体在使用特定语言思维时，会受到该语言内在逻辑的影响。

在汉语国际教育中，非汉语母语者因为自身语言系统的限制，在学习和理解汉语文化时可能遇到障碍。例如，汉语中的某些表达方式、词汇含义以及文化隐喻可能无法直接对应到其他语言体系中，这使得学习者在理解文化内容时容易产生误解。此外，学习者的母语思维模式也会影响其对汉语文化的解读。例如，高语境文化背景下的表达可能会被低语境文化背景的学习者误解为不够直接或缺乏逻辑性。

文化误解的形成是一个复杂的过程，涉及文化背景、信息传播、媒体影响、历史偏见和个体认知等多方面因素。这些因素彼此交织，使得中华文化在国际传播过程中面临诸多挑战。为了有效化解文化误解，需要综合考虑这些深层原因，并采取科学的策略加以应对，以提升中华文化在国际上的接受度和影响力。

二、化解文化误解的策略

文化误解的存在阻碍了汉语国际教育中中华优秀传统文化的有效传播，也在一定程度上限制了跨文化交流的深度和广度。面对文化背景的巨大差异、信息传播的片面性、媒体报道的倾向性误导、历史文化偏见的延续以及个体认知的局限与刻板印象等因素，必须采取科学、系统的策略来化解文化误解，增强文化理解和共鸣。通过提升汉语教师的跨文化能力、优化教学内容以提高文化适应性、构建多元文化交流平台、加强国际文化对话与合作、创新文化传播方式以增强文化包容性，可以有效改善跨文化传播中的认知偏差，促进国际社会对中华文化的全面理解。

（一）提升汉语教师的跨文化能力

在汉语国际教育的跨文化传播过程中，汉语教师不仅是语言知识的传授者，更是文化传播的核心推动者。汉语教师的跨文化能力直接影响到教学的有效性以及文化交流的深度。面对不同文化背景的学习者，教师需要具备精准解读文化差异、有效沟通并引导学习者正确理解中华文化的能力。因此，提升汉语教师的跨文化能力，应从理论素养、文化敏感性、教学策略等多方面入手，以确保文化传播的准确性和有效性。

1. 文化意识与跨文化适应能力的培养

跨文化教育理论认为，文化意识是跨文化交际能力的核心组成部分。汉语教师在跨文化教学环境中，需要具备对不同文化体系的敏锐认知，并能够在教学过程中灵活调整文化传播策略。文化意识的培养不仅包括对中华文化内涵的深刻理解，还涉及对受众母语文化的尊重与包容。

跨文化适应能力是衡量教师跨文化能力的重要标准。在教学过程中，教师需要针对不同文化背景的学习者，根据他们的文化习惯、学习方式和认知特点进行适应性教学。具备较强的跨文化适应能力，有助于教师在多元文化环境中有效引导学习者，减少文化误解，提高文化传播的精准度。

2. 跨文化教学策略的优化

跨文化教学策略的有效性直接决定了汉语国际教育的质量。在实际教学中，汉语教师需要灵活运用多种教学方法，以提升学习者对文化内容的理解和接受度。跨文化教学策略的优化包括教学内容的本土化适配、教学方法的互动性提升以及文化比较教学的应用等方面。

教学内容的本土化适配是提高文化传播有效性的重要手段。在跨文化教学环境中，汉语教师需要根据目标群体的文化背景，调整教材内容，使文化传播更加贴合学习者的认知习惯。同时，通过多维度的文化比较，学习者能够在对比中理解文化差异，从而减少误解，提高文化接受度。

3. 文化敏感性与跨文化沟通能力的提升

文化敏感性是跨文化交际能力的重要组成部分，决定了教师在跨文化环境中处理文化冲突的能力。汉语教师在跨文化教学中，常常需要面对不同文化背景的学习者，他们对文化的理解、表达习惯以及学习风格各不相同。教师需要在尊重文化多样性的基础上，调整教学方式，以确保文化传播的顺畅进行。

跨文化沟通能力的提升同样至关重要。汉语教师需要具备理解和回应学习者文化疑问的能力，以清晰、富有逻辑的方式进行文化解释。在面对文化误解时，教师应提供符合学习者认知特点的解释，避免因沟通障碍加深文化误解。

（二）优化教学内容，提高文化适应性

在汉语国际教育的文化传播中，教学内容的设置直接影响学习者对中华文化的接受度和理解深度。优化教学内容不仅需要关注汉语语言本身的学习难度，还应综合考虑学习者的文化背景、认知习惯和社会需求。为了确保文化传播的有效性，教学内容的优化应以文化适应性为核心，兼顾多元性、动态性和实用性，实现中华文化在跨文化环境中的精准、深入传递。

1. 文化内容的多元性与时代性

中华文化在历史长河中不断发展，涵盖了哲学、文学、艺术、科技等多个领域。传统汉语国际教育的教学内容在很长一段时间内侧重于古代文化，如儒家思想、诗词书画等，而对当代中国的社会发展、科技创新、现代文化等内容涉及较少。这种过度强调历史文化的教学模式可能导致学习者对中华文化的认知停留在静态层面，忽略了其现代性和多样性。

增强文化内容的时代性，需要在教学内容中适当增加现代文化元素，如当代文学、流行文化、社会变迁、科技创新等，使学习者能够在理解中华文化历史

传统的同时，认识其在当代社会的发展趋势。教学内容的选择应避免单一化，既要涵盖经典文化，也要包含现代文化，以增强学习者对中华文化的全面认知。此外，地域文化的多样性也是优化教学内容的重要考量因素。在汉语国际教育的教学材料中，不同地区的文化特色应得到充分体现，以展示中华文化的丰富性和包容性，避免单一文化视角的传播。

2. 文化知识的层次化与情境化呈现

教学内容的优化不仅涉及文化素材的选择，还需要在呈现方式上进行层次化设计，以适应不同水平的学习者。不同学习阶段的学习者在语言能力、文化理解能力方面存在显著差异，因此教学内容应根据学习者的认知发展规律进行梯度化安排，使其能够在不同阶段逐步深入理解文化内涵。

文化知识的情境化呈现是提高文化适应性的关键策略之一。传统汉语教学往往采用静态的文化介绍模式，使文化知识停留在理论层面，难以与实际生活建立联系。情境化教学强调在真实的文化语境中教授语言和文化，使学习者能够通过具体的场景、案例和互动体验来理解文化信息。这种教学方式有助于学习者形成更加直观、生动的文化认知，避免因文化背景差异造成的误解。

3. 文化比较与跨文化视角的融入

文化适应性不仅体现在内容的丰富性和表达方式的多样化，还体现在跨文化对比分析的应用上。学习者在理解中华文化时，通常会将其与母语文化进行对比，因此在教学内容中适当融入文化比较视角，可以帮助学习者更有效地理解文化差异，增强文化共鸣。

跨文化比较的教学策略可以通过分析不同文化体系在价值观、思维方式、社会习俗等方面的异同，帮助学习者在对比中深化对中华文化的理解。同时，在文化比较过程中，教学内容应注重文化共性的挖掘，避免强化文化对立，使学习者能够在文化融合的视角下形成更加开放的文化认知。通过跨文化比较，使学习者能够在全球视野下理解中华文化的独特性和普适性，从而提升文化适应性。

4. 文化传播方式的创新

教学内容的优化不仅体现在教材编写和课堂教学上，还需要结合现代科技手段，创新文化传播方式。随着数字化技术的发展，信息传播方式发生了深刻变革，传统的文化教学模式已无法满足现代学习者的需求。利用多媒体、虚拟现实、人工智能等新技术，可以增强教学内容的互动性和沉浸感，使文化传播更加生动高效。

数字化教学资源的应用可以拓宽学习者获取文化知识的渠道，使文化内容的传播更加灵活、个性化。例如，利用短视频、线上课程、互动游戏等形式，可以增强文化学习的趣味性，提高学习者的参与度。此外，人工智能技术可以实现个性化学习推荐，根据学习者的兴趣和学习进度智能调整教学内容，提高文化传播的精准度。通过创新传播方式，提升文化内容的适应性，使中华文化能够在多元环境下获得更广泛的传播与认可。

（三）构建多元文化交流平台

文化交流平台是促进不同文化群体互动、消除文化误解的重要载体。构建多元文化交流平台，有助于促进中华文化与世界其他文化的平等对话，使中华文化在国际社会中获得更广泛的认同和理解。在全球化背景下，文化交流已从单向传播转向双向互动，传统的单一文化输出模式已难以满足现代跨文化交流的需求。因此，构建多元文化交流平台，需要从交流形式、互动机制、技术支持等多个方面进行探索，以促进跨文化理解与融合。

1. 多层次、多渠道的文化交流体系

构建多元文化交流平台，需要依托多层次、多渠道的文化传播体系，以满足不同受众的文化交流需求。多层次的文化交流体系包括官方机构主导的文化交流项目、学术界推动的跨文化研究、民间文化交流活动等，使文化交流覆盖不同群体，形成多元互动的文化传播网络。

多渠道的文化交流模式应涵盖线下和线上平台。线下文化交流平台可以包括国际文化节、汉语角、文化体验中心等，通过面对面的互动交流，使学习者能够直接感受中华文化的魅力。线上文化交流平台则可以利用社交媒体、网络论坛、在线学习社区等，打破地域限制，使文化交流更加便捷和高效。线上线下结合的文化交流体系能够增强文化传播的广度和深度，使学习者能够通过不同的渠道深入了解中华文化。

2. 文化交流机制的互惠性与可持续性

多元文化交流平台的建设应遵循互惠性原则，即在文化传播过程中，既要重视中华文化的传播，也要尊重和理解目标文化，实现文化的双向互动。文化交流不应只是单向的信息传递，而应是平等的文化对话，只有在相互尊重的基础上，文化交流才能获得更高的接受度和影响力。

可持续性是文化交流平台建设的重要考量因素。许多文化交流项目往往因资金、政策或参与度不足而难以长期运行，因此在构建文化交流平台时，需要建立稳定的合作机制，确保平台的长期发展。例如，政府机构可以通过政策支持推动文化交流项目的持续运行，学术机构可以通过研究合作促进文化对话的深入，社会组织可以通过民间文化交流增强文化传播的活力。多方协同发力，共同促进文化交流平台的可持续发展，使文化交流更加稳定、深入。

3. 新技术赋能文化交流平台

科技的发展为文化交流带来新契机。在数字化时代，借助人工智能、大数据、虚拟现实等新技术，可以突破传统文化交流的限制，使文化传播更加精准和高效。智能翻译技术可以帮助不同语言背景的学习者更顺畅地开展文化交流，提升文化互动的便利性。虚拟现实技术可以构建沉浸式的文化体验环境，使学习者能够身临其境地感受中华文化。大数据分析可以精准识别学习者的文化兴趣和学习需求，使文化传播更具个性化和针对性。

通过技术赋能，文化交流平台更趋多元化、互动化，提高文化传播的效果和影响力。在新技术的支持下，多元文化交流平台可以成为促进全球文化互鉴、消除文化误解的重要桥梁，为中华文化的国际传播提供更加广阔的空间。

（四）加强国际文化对话与合作

在全球化日益加深的背景下，文化交流已成为国际社会互动的重要组成部分。汉语国际教育不仅承担着语言教学的任务，更是中华文化对外传播的核心渠道。在此过程中，加强国际文化对话与合作对于促进跨文化理解、提升中华文化的国际影响力具有重要意义。国际文化对话不仅是消除文化误解的有效途径，也是实现文化多样性共存的关键策略。通过构建公平、开放的国际文化交流机制，推动学术研究合作，以及加强政府、社会组织、学界的多方协同，可以为跨文化理解奠定坚实的基础。

1. 建立公平对话机制，促进文化互鉴

文化对话的前提是不同文化之间的平等交流，避免单向传播和文化输出模式。在国际文化交流中，部分文化由于其话语权优势，长期主导全球文化传播，而相对弱势文化在国际平台上的发声机会较少。这种不均衡的文化传播格局可能加深文化误解，使某些文化长期处于被动接受的状态。因此，构建公平对话机制，需要确保不同文化主体在全球文化体系中享有平等的表达权，推动文化交流的双向互动，使中华文化在多元文化体系中获得更广泛的认同。

国际文化对话的机制应包含多层次、多渠道的互动方式。政府间文化合作协议可以为国家层面的文化交流奠定制度基础，而国际组织则可以通过资助和组织文化项目，促进各国文化机构的合作。此外，非政府组织和文化机构可以通过跨国文化交流项目，加强不同社会群体之间的文化互动，使文化对话不仅限于官方层面，还能深入民间社会。

2. 推动跨文化学术合作，深化文化比较研究

学术研究在文化交流与传播中扮演着关键角色。国际文化对话不仅需要语言和艺术交流，还需要通过学术合作深入探讨不同文化体系的异同，促进相互理解。跨文化研究的核心在于通过比较分析不同文化的价值观、社会结构、历史发展路径以及现代化进程，找出文化共性，减少误解。

学术机构可以通过设立联合研究中心，组织国际学术会议，推动不同国家学者共同研究文化传播的模式、策略以及跨文化适应问题。这种合作方式不仅可以促进学术界对中华文化的深入理解，还能通过研究成果的应用，提高文化传播的精准性和有效性。此外，跨国合作出版、翻译学术著作，可以扩大中华文化研究的国际影响力，使其在全球学术界获得更广泛的认同。

3. 加强政府与社会组织的合作，拓展文化交流渠道

国际文化对话的推动不仅需要政府政策的支持，还需要社会组织、企业以及个人的积极参与。政府可以通过文化外交策略，在国际舞台上塑造中华文化的良好形象，推动官方文化传播合作项目。而社会组织和文化机构则可以依托自身

的资源和网络，促进民间层面的文化交流。

企业在国际文化传播中同样扮演着重要角色。随着全球经济的深度融合，文化产业成为国际竞争的重要领域。通过影视、音乐、设计、游戏等文化产品的全球化推广，既能增强中华文化的国际影响力，又能营造文化认同感。此外，互联网平台的发展为跨文化交流带来了新的机遇，通过社交媒体、在线教育、虚拟现实体验等技术，可以打破地域和语言的障碍，使文化对话更加广泛和深入。

（五）创新文化传播方式，增强文化包容性

文化传播方式的创新是提升中华文化国际影响力的关键。在全球化和信息技术迅猛发展的当下，传统文化传播方式面临诸多挑战，单一的课堂教学和书本知识传播已难以满足现代学习者的需求。创新文化传播方式需要结合现代技术，运用多媒体、新媒体、人工智能等工具，使中华文化的传播更加生动、多元，同时增强文化包容性，促进不同文化之间的互相理解和共存。

1. 数字化与新媒体传播的融合发展

新媒体技术的迅猛发展使文化传播的形式发生了革命性变革。传统的文化传播模式以面对面交流、书籍出版、课堂教学为主，而如今，社交媒体、短视频、直播、在线课程等数字化传播方式，正在重塑文化传播生态。利用新媒体技术，可以使文化传播更加直观、生动，增强受众的互动性和参与感，提高文化传播的效果。

短视频平台的兴起使得文化内容能够更快速地传播，扩大了文化的影响力和覆盖面。人工智能技术则可以通过大数据分析受众需求，为不同文化背景的学习者提供个性化的文化学习体验。虚拟现实和增强现实技术的应用，使文化传播不再局限于文本和图片，而是能够提供沉浸式的文化体验，使受众能够更加直观地感受中华文化的魅力。

2. 文化内容的多样化与全球适应性

文化传播的成效，很大程度上取决于内容的吸引力和适应性。单一、静态的文化内容往往难以吸引全球受众，而多样化、动态的文化内容能够提升文化的

包容性，使不同文化背景的人群都能产生兴趣。在文化内容的设计上，需要结合不同国家和地区的文化习惯，打造更加符合全球受众需求的文化产品。

全球化文化传播需要注重内容的本地化适配，即在保持中华文化核心价值观的基础上，根据目标受众的文化背景进行适当调整，使其更易理解和接受。这种策略不仅可以提高文化传播的精准度，还可以增强文化的包容性，使中华文化在全球文化体系中形成更强的影响力。

3. 跨文化合作推动文化共生

文化传播的最终目标是促进文化共生，即不同文化在互动中相互影响、相互借鉴，共同发展。在创新文化传播方式的过程中，需要推动跨文化合作，促使不同文化体系能够在平等对话的基础上实现融合与创新。跨文化合作不仅能够增强中华文化的国际传播力，也能够促进全球文化体系的多样性和可持续发展。

跨文化合作的形式可以包括联合创作、文化交流项目、双语出版等。在影视、音乐、艺术、设计等领域，通过与国际艺术家、导演、作家的合作，能够打造兼具中华文化特色和国际市场接受度的文化作品。这种合作模式不仅可以扩大中华文化的全球影响力，还能够增强文化传播的互动性，推动中华文化在全球范围内获得更广泛的认同。

4. 文化传播模式的互动性与沉浸感

传统的文化传播模式多为单向输出，而现代文化传播更加强调互动式和沉浸式体验。交互式学习、文化体验项目、线上文化沙龙等形式，可以让受众在实践中理解文化，而非仅仅通过文本或讲座获取知识。利用科技手段，如虚拟现实、增强现实等，可以打造沉浸式的文化传播模式，使学习者能够身临其境地体验中华文化。

在互动式传播模式中，受众不再是被动的接受者，而是文化传播的参与者。这种模式的特点在于高参与度、高互动性，使文化传播从单向信息灌输转向双向乃至多向交流，从而增强文化的包容性和影响力。

通过文化传播方式的创新，不仅可以提升中华文化的国际影响力，还能够增强文化的包容性，推动不同文化在相互尊重的基础上实现共存与共荣。这种文化传播的新模式，不仅是应对全球化挑战的重要策略，也是促进文化多样性、增强全球文化互信的关键路径。

三、推动跨文化理解与合作的路径

跨文化理解与合作是汉语国际教育中的重要议题，其核心目标是促进不同文化体系之间的相互认知与共存，以减少文化误解，提升中华文化的国际传播力。推动跨文化理解不仅需要政策引导和学术研究，还应结合科技手段、教育体系以及多层次的文化交流机制，以实现高效、精准的文化传播。在全球化不断深入的背景下，构建稳固的互信机制、加强学术合作、利用新媒体提升传播精准度以及推进跨文化教育，是推动文化理解与合作的关键路径。

（一）建立中外文化交流的互信机制

跨文化交流的有效性取决于文化主体之间的相互信任。文化互信不仅是文化传播成功的前提，也是不同文化体系深度融合的关键。在全球化不断深入的背景下，国际社会的文化交往日益密切，但受历史、政治、经济及意识形态等因素的影响，不同文化体系之间仍然存在理解上的鸿沟。建立中外文化交流互信机制，需要构建多层次的文化交流网络、优化传播内容、增强文化传播的互动性，并在跨文化交往中构建可持续的合作框架。

1. 文化交流的信任基础构建

文化信任的建立依赖长期的交流和互动。文化认知的偏差往往源于信息不对称，因此，需要加强文化传播的透明度、增强文化表达的多样性来消除误解。在汉语国际教育背景下，学习者对中华文化的理解并非与生俱来，而是受到外部信息渠道的影响。在文化传播过程中，若传播主体未能提供真实、完整的文化信息，或者传播方式缺乏针对性，可能会加剧文化误解。因此，需要构建多渠道的信息共享机制，以确保不同文化背景的受众能够获得客观、全面的文化信息。

跨文化信任的建立还依赖于文化身份的认同。受众对外来文化的接受程度，往往取决于其对自身文化身份的定位。文化传播过程中，需要在尊重和认可目标文化的基础上展开对话，避免单向度的文化输出模式。通过文化比较、文化体验和互动式传播，可以增强受众对中华文化的接受度，同时降低文化交流中的抵触情绪。

2. 多层次文化交流网络的构建

跨文化互信的建立，依赖多层次的文化交流网络，以覆盖不同社会群体，推动文化在不同层面的交融。政府间的文化合作为文化互信的构建提供了制度性保障。各国可以通过文化协定、语言合作计划、教育交流项目等方式，构建长期稳定的文化交流框架，推动文化政策的相互适应。此外，民间组织、非政府机构、教育机构等社会主体，在促进文化互信方面同样发挥着不可替代的作用。通过建立多层次、多主体参与的文化交流机制，可以保障跨文化沟通的持续性，提高文化传播的稳定性。

在文化交流网络的构建中，社交媒体和数字化传播技术的应用至关重要。传统的文化交流模式往往依赖面对面交流，而在数字化时代，互联网平台使文化传播的边界进一步拓展。利用新媒体技术，可以降低文化传播的门槛，使不同文化背景群体能够随时随地参与文化对话，从而提升文化交流的频率和深度。此外，人工智能和大数据分析可以帮助传播主体精准识别受众需求，优化文化内容的推送策略，提高文化传播的针对性。

3. 文化传播互动性的提升

文化互信的建立并非单向的传播过程，而是需要通过互动性增强文化的接受度。在跨文化交流中，单方面的文化输入容易导致受众的抵触情绪，而双向互动则可以增强文化认同感，提高跨文化沟通的质量。在汉语国际教育的文化传播实践中，互动性传播模式已成为提升文化接受度的重要手段。基于数字技术的沉浸式文化体验，如虚拟现实、增强现实等，能让受众身临其境感受中华文化，从而降低文化距离感。

此外，文化交流活动的多样化有助于构建文化信任机制。文化节庆、跨文化研讨会、联合文化创作等形式，可以使不同文化背景的人群在具体的文化实践中加深对彼此文化的理解。通过互动式文化传播，能让文化对话更加自然、深入，从而推动中外文化交流的互信机制建设。

（二）促进学术研究，加强文化比较分析

学术研究是推动文化理解、减少文化误解的重要手段。在跨文化交流中，由于不同文化体系的思维方式、价值观念、历史发展路径各不相同，受众往往难以在短时间内建立对异文化的深刻理解。因此，依托学术研究，对文化现象进行系统化、结构化的分析，可以帮助不同文化背景的学习者更精准地理解文化差异，进而提升文化传播的有效性。

1. 跨文化比较研究的理论支撑

跨文化研究的核心目标在于探索文化体系之间的共性与差异，并基于科学方法提出促进文化理解的策略。传统的文化研究多采用单一文化视角进行分析，而在全球化浪潮下，文化的交融与互动已成必然趋势。通过文化比较分析，可以厘清不同文化体系在历史发展、社会结构、哲学思想、语言表达等方面的异同，进而减少文化误解，增强文化包容性。

现代文化研究逐渐呈现出多学科交叉的趋势，语言学、心理学、人类学、传播学等学科相互融合，使得跨文化研究的视角更加多元化。基于跨学科的方法，可以更全面地剖析文化误解的形成机制，并制定更精准的应对策略。此外，计算社会科学的发展，使大规模文化数据分析成为可能。利用人工智能和数据挖掘技术，可以对不同文化体系的传播模式、话语体系、文化认知差异等进行深度分析，从而提高跨文化比较研究的精准度。

2. 文化误解的学术研究路径

文化误解的成因复杂，涉及历史叙事、媒体报道、个体认知偏差等多个层面。学术研究的任务之一，是通过系统性分析，找出文化误解的关键影响因素，并提出相应的解决方案。在汉语国际教育领域，研究者可以通过定量和定性分析，对学习者的文化认知模式进行测量，探讨学习者在接触中华文化时可能产生的认知障碍，并基于研究数据优化文化传播策略。

文化误解的研究还需要结合语言因素的分析。在跨文化传播中，语言不仅是信息交流的工具，也是文化思维方式的映射。因语言差异导致的文化误解在汉语国际教育中尤为突出。通过语料库分析、认知语言学研究等方法，可以揭示语

言如何影响文化认知，并基于语言学研究成果优化文化传播的表达方式，提高文化信息的可理解性。

3. 学术研究的国际合作与资源共享

促进文化理解，需要加强国际学术合作。在全球化背景下，单一国家或学术机构的研究往往难以覆盖多元文化体系，因此，跨国合作研究成为推动学术进步的重要途径。通过建立国际学术联盟，开展联合研究项目，能够实现学术资源共享，提高研究的深度和广度。此外，学术期刊、学术数据库的开放共享，可以为研究者提供更加全面的数据支持，提高跨文化研究的科学性。

推动跨文化比较研究的国际化，还需要加强学术成果的传播。通过出版双语研究成果、举办国际学术会议、设立跨文化研究基金等措施，可以鼓励更多学者参与文化比较研究，并促进研究成果的社会应用。学术研究不仅是理论探索的过程，也是文化传播的重要工具。加强学术交流，可以提升中华文化的国际学术影响力，使其在全球文化体系中占据更加重要的地位。

（三）利用新媒体提升文化传播精准度

新媒体技术的发展为文化传播提供了全新的平台和手段，使信息的流动更加高效、互动更加便捷。在汉语国际教育背景下，如何利用新媒体提升文化传播的精准度，成为提高文化接受度、减少文化误解的重要议题。传统文化传播模式往往依赖线下教学和书面材料，而新媒体的兴起使文化传播从单向输入转为双向互动，从静态文本转向多维度的动态呈现。新媒体不仅优化了文化传播方式，也提高了传播内容的精准性，使受众能够更有针对性地接收文化信息。

1. 数字化平台的精准传播能力

新媒体环境下，文化传播的精准度可以通过数据驱动的方式不断优化。人工智能、大数据分析和用户行为追踪技术，使传播者能够深入了解受众的兴趣、习惯和认知模式，进而开展个性化传播。在新媒体平台上，文化传播可以根据受众的地理位置、语言偏好、浏览习惯和交互行为，精准推送符合其需求的文化内容，确保信息的有效传递。

数据驱动的精准传播有助于增强文化接受度。文化误解往往源于信息的不对称，而个性化推荐系统可以通过分析受众的文化背景和语言能力，为其匹配适合的文化内容，使其能够更轻松地理解中华文化。同时，基于数据的传播策略能够不断优化传播内容和表达方式，使文化传播更加符合不同文化群体的接受习惯，提高传播的精准性和互动性。

2. 多媒体融合的文化呈现方式

新媒体具备多媒体特性，使文化传播可以通过文字、图片、音频、视频、直播、虚拟现实等多种形式进行呈现。这种多维度的信息表达方式能够增强文化传播的直观性和吸引力，提升受众的文化体验感。在跨文化传播中，单一文本或课堂讲解往往难以让学习者深入理解文化内涵，而通过短视频、互动直播、虚拟现实沉浸式体验等方式，则能让受众更直观地感受中华文化的独特魅力。

虚拟现实和增强现实技术的应用，使文化传播不再局限于静态信息，而是可以营造身临其境的文化环境。例如，通过虚拟现实技术，可以让学习者置身于中国的历史场景或现代都市，以沉浸式体验的方式加深对中华文化的理解。这种技术手段能够降低文化传播的理解门槛，使受众能以直观方式感受文化内容，提高传播的互动性和接受度。

3. 互动式传播模式的应用

传统的文化传播模式多为单向传输，即文化传播者将信息输出给受众，而受众在接受信息的过程中缺乏主动参与感。新媒体的发展使双向互动成为可能，受众在文化传播过程中能够进行反馈、提问和讨论，增强文化交流的参与感。互动式传播不仅提高了文化传播的影响力，还让文化传播更加贴合受众需求，有助于文化理解的深化。

社交媒体平台的应用，使文化传播者能够实时收集受众的反馈，并根据反馈调整传播策略，提高信息的精准度。此外，线上论坛、直播问答、跨文化讨论小组等形式，使受众能够主动参与文化传播过程，在交流互动中提升文化认知。这种互动性传播模式有助于减少文化误解，使文化交流更具包容性和灵活性。

4. 智能翻译与跨语言传播的优化

在跨文化传播过程中，语言障碍是影响文化精准传播的重要因素。新媒体环境下，智能翻译技术的进步为文化传播提供了新的解决方案。基于神经网络的机器翻译技术，使得汉语国际教育中的文化内容能够更加精准地翻译成不同语言，提高信息的可理解性。此外，多语种字幕、语音识别、智能语音合成等技术的应用，使文化传播能够覆盖更广泛的国际受众，提高文化交流的效率和精准度。

智能翻译的优化不仅提升了文化传播的可及性，也减少了文化误解的可能性。不同语言体系在表达方式上存在差异，传统翻译方式易造成信息传递偏差，而基于人工智能的动态翻译技术可以更准确地传达文化内涵，减少跨语言传播中的信息损耗，从而提高文化传播的精准度和有效性。

（四）加强跨文化教育，提高全球文化素养

跨文化教育是推动全球文化理解、减少文化冲突的重要手段。不同文化背景的群体在认知方式、价值观、语言体系等方面存在差异，这种差异可能导致误解甚至文化冲突。加强跨文化教育，不仅能够提高不同文化群体对中华文化的理解，还能提升全球文化素养，使跨文化交流更加顺畅、高效。在全球化时代，跨文化教育的目标不仅是培养语言能力，更重要的是培养学习者的文化适应力、批判性思维能力和文化包容性，以促进全球范围内的文化共生。

1. 跨文化教育体系的多层次构建

跨文化教育需要覆盖多个层面，包括基础教育、高等教育、职业教育及社会文化教育。在基础教育阶段，引入跨文化课程，使学生在早期教育阶段就树立文化多样性意识，增强对中华文化的理解和尊重。在高等教育阶段，可以通过跨文化研究、国际合作课程、学术交流项目等方式，使大学生在全球化视角下理解文化差异，提高文化适应能力。

职业教育领域的跨文化教育，可以通过企业文化培训、国际化管理课程等方式，使跨国企业的员工在多文化环境下提高沟通与合作能力。此外，社会文化教育也在跨文化理解中发挥着重要作用。通过线上教育平台、开放式课程、文化体验项目等方式，可以为全球受众提供跨文化学习资源，促进文化素养的提升。

2. 文化适应能力的培养

跨文化教育不仅注重语言知识的传授，还需要培养学习者的文化适应能力。

文化适应能力的核心在于增强个体对不同文化环境的理解力、应变能力以及跨文化沟通能力。在跨文化教育体系中，可以通过案例分析、情景模拟、跨文化对话等教学方法，助力学习者在实践中提升文化适应力，提高跨文化交际能力。

文化适应能力的培养需要结合实际生活场景，使学习者能够在真实的文化环境中理解文化差异。例如，通过国际交流项目、海外实习、跨文化研究实践等方式，使学习者能够在不同文化环境中体验文化互动，提高跨文化沟通的灵活性和应变能力。这种实践性教学方法能够有效提高文化素养，帮助学习者在全球化背景下更好地理解和接纳不同文化。

3. 跨文化教育资源的共享与合作

在全球化背景下，跨文化教育需要依托国际合作与资源共享。不同国家或地区的文化教育机构可以通过联合课程开发、学术研究合作、师资交流计划等方式，共享跨文化教育资源，提高文化教育的质量并扩大覆盖面。在线教育技术的发展，为跨文化教育的全球推广带来新契机。利用在线开放课程、远程教育、人工智能教学系统等技术，能够降低文化教育成本，使更多人有机会接受高质量的跨文化教育，提高全球文化素养。

第二节　汉语国际教育中的师资队伍建设策略

一、汉语教师的文化素养与教学能力要求

在汉语国际教育中，教师不仅承担着语言知识的传授任务，同时也肩负着中华优秀传统文化传播的重任。文化素养与教学能力的高低直接影响到中华文化能否有效传播，也决定了国际学习者对汉语及其文化体系的理解深度。作为跨文化交流的重要桥梁，汉语教师需要具备系统的文化知识储备、跨文化交际能力、国际化教学思维及适应不同教育环境的教学方法，以满足全球汉语学习者的需

求，并推动中华文化的国际传播。

（一）文化知识的系统掌握与应用能力

文化知识的掌握程度决定了教师在跨文化教学中的表现能力。汉语国际教育不仅涉及汉语语言的教授，还包括中华文化的介绍、阐释与互动传播。在跨文化教学环境中，教师需要对中华文化的核心价值体系、传统思想、民俗习惯、艺术形式、历史发展脉络等方面有深入理解，并能够将这些文化知识与现代国际社会的需求相结合，使中华文化的传播更加贴合学习者的文化背景和认知方式。

文化知识的应用能力是衡量汉语教师教学质量的重要标准。单纯掌握文化知识并不足以保证教学的有效性，关键在于如何在实际教学中精准运用这些文化信息，使其成为课堂教学的重要组成部分。汉语教师需要灵活运用文化素材，根据不同学习者的背景调整文化内容的讲授方式，并结合目标受众的兴趣点，将文化传播具象化、生活化，以增强文化内容的可理解性和吸引力。

现代教育技术的发展为文化知识的应用提供了更广泛的可能性。汉语教师可以利用数字化资源、沉浸式体验技术、互动式文化课程等手段，使中华文化的传播更加生动和直观。在新媒体环境下，文化知识的应用能力还需要包括对多媒体传播工具的熟练使用，以适应当代学习者的认知习惯，提高文化教学的吸引力和互动性。

（二）跨文化交际能力的培养

跨文化交际能力是汉语教师在国际教学环境中不可或缺的核心素养。在跨文化交流过程中，语言不仅是沟通的工具，同时也是文化思想和社会价值观念的载体。由于不同文化体系的思维方式、交际模式和价值观存在差异，汉语教师在进行文化传播时，需要具备跨文化沟通的敏感度，理解并尊重不同文化背景下的交际规则，从而有效减少文化误解，提高跨文化交流的效率。

跨文化交际能力的培养需要从多个层面展开。教师需要掌握跨文化沟通的基本理论，并能够在实际教学环境中灵活运用。不同国家或地区的学习者在语言学习过程中，可能会受到母语思维模式的影响，对汉语表达方式、语用习惯甚至文化意象的理解方式有所不同。教师需要精准识别这些文化差异，并通过适当的教学策略进行引导，使学习者能够在理解汉语语言逻辑的同时，深刻体会中华文化的内涵。

跨文化交际能力还包括对文化冲突的处理能力。在汉语国际教育中，学习者可能会因文化背景的差异而对某些文化内容产生疑问甚至误解。教师需要在面对文化差异时秉持开放的态度，并通过有效的文化解释策略，缓解跨文化交际中的困惑和冲突，增强文化沟通的包容性和适应性。

（三）国际化教学思维的提升

国际化教学思维是汉语教师在全球化教育环境中必须具备的能力之一。随着汉语国际教育的不断发展，教师的教学观念需要从本土化模式向国际化思维转变，确保中华文化的传播能够符合国际学习者的需求，提高教学的全球适应性。

国际化教学思维的核心在于教学理念的开放性与教学方法的多样化。在传统的语言教学模式下，教师通常以单向知识传授为主，而国际化的汉语教学更加注重互动性、情境化及任务驱动型的教学策略。教师需要根据不同国家和地区的教育传统、学习者的认知特点以及学习需求，调整教学策略，使汉语课程的设置更加符合国际教学标准。

国际化教学思维的提升还体现在文化比较意识的培养。在汉语教学过程中，学习者往往会将中华文化与母语文化体系进行对比，并在这一过程中寻找文化共性和差异。教师需要引导学习者开展跨文化比较，使他们能够在对比中理解中华文化的独特性，并在多元文化的视角下形成对中华文化的深刻认知。此外，教师在跨文化教学中应避免文化优越论倾向，注重培养学习者的文化包容性和批判性思维，使文化传播的过程更加平等、互信和共融。

（四）教学方法的创新与适应性

教学方法的创新是提升汉语国际教育质量的重要途径。随着全球教育理念的发展，教学方法的选择已成为影响文化传播成效的关键因素。在汉语国际教育中，教师不仅需要掌握传统的语言教学方法，还需要根据不同学习者的特点和教学环境，灵活调整教学方式，以增强教学的适应性和有效性。

教学方法的创新应结合现代教育技术的发展，使文化传播更加立体化。基于任务型教学、情境教学、沉浸式教学等方法，可以增强学习者在实际语境中的文化体验，提高他们的语言运用能力和文化理解力。数字化教学手段的应用，如智能化在线教学系统、虚拟现实互动课堂、多模态学习资源等，可以为学习者提供更加丰富的文化学习体验，使文化传播的过程更加直观和生动。

教学方法的适应性体现为针对不同文化背景学习者实施个性化教学策略。不同国家或地区的学习者在语言学习过程中可能会表现出不同的学习习惯和认知方式。教师需要具备较强的适应能力，能够针对不同学习群体调整教学模式，确保文化内容的传递符合学习者的接受水平。适应性教学还包括对学习者反馈的动态调整，教师需要在教学过程中不断优化课程设计，以提升学习者的文化理解能力和跨文化交际能力。

通过文化知识的系统掌握与应用、跨文化交际能力的培养、国际化教学思维的提升及教学方法的创新与适应性，汉语教师可以在国际教育环境中更高效地传播中华文化，提高汉语国际教育质量，促进全球范围内的跨文化理解与交流。

二、当前汉语师资队伍建设的主要问题

汉语国际教育的快速发展对师资队伍的建设提出了更高要求。教师不仅需要具备扎实的语言教学能力，还应当具备深厚的中华文化素养、跨文化交际能力及国际化教学视野。然而，在全球化背景下，汉语师资队伍的建设仍面临诸多挑战，这些问题不仅影响汉语教学质量，也直接影响中华文化的传播效果。文化教学能力不足、本土化与外派教师的适应困境、师资培训体系的不完善、教师职业发展与激励机制的缺失，以及师资国际化水平与本土教学需求的不匹配，构成了当前汉语国际教育师资队伍建设中亟待解决的核心问题。

（一）文化教学能力不足

文化教学能力是汉语教师在国际教育环境中不可或缺的核心素养。然而，在当前的汉语师资队伍中，部分教师在文化教学方面存在知识体系不完善、教学方式单一、文化解读能力不足等问题，致使中华文化的传播效果受限。文化教学

能力不足不仅影响学生对中华文化的深入理解，也可能导致文化误解的产生，使中华文化的国际传播困难重重。

部分教师对中华文化的认知仍停留在表层，缺乏对中华优秀传统文化的深层次理解。中华文化博大精深，涵盖哲学、文学、艺术、历史、民俗等多个层面，然而部分汉语教师在教学过程中难以将这些文化内容系统化、学理化，导致文化教学碎片化、浅层化。同时，由于缺乏跨文化对比意识，部分教师在教授文化知识时未能充分考虑学习者的文化背景，使学生难以建立起对中华文化的深刻认知。

文化教学能力不足还体现在教学方法上。部分教师仍然沿用传统的讲授式文化教学模式，缺乏互动性和体验性，未能充分利用现代教育技术进行文化传播。此外，部分教师在面对文化差异时缺乏有效的应对策略，难以引导学习者在文化比较和文化融合中增强对中华文化的认同感。这些问题都影响着汉语国际教育中文化传播的质量，也制约了中华文化在全球范围内的接受度。

（二）本土化与外派教师的适应困境

在汉语国际教育中，师资队伍包括派遣教师与本土教师，两者在文化教学能力、跨文化适应性以及教学策略上各具优势，但同时也面临不同的适应困境。

外派教师在海外教学过程中，需要面对与国内完全不同的教育环境。不同国家或地区的教育体系、教学模式、课堂文化以及学习者的认知方式各不相同，这使部分外派教师在教学初期难以迅速调整教学策略。此外，外派教师还需要克服文化适应的难题，包括日常生活、社会交际、教学管理等多个方面。如果缺乏完善的适应性培训和支持体系，外派教师可能会在跨文化环境中遭遇困境，影响教学质量。

本土汉语教师在文化理解方面可能存在一定的局限性。尽管他们在语言表达和本土化教学方面具有一定的优势，但由于成长环境和教育背景的影响，他们在中华文化的理解与传播方面可能存在不足。部分本土汉语教师对中华文化的掌握主要源于教材和课堂，缺乏亲身体验，可能无法准确传达文化的核心价值。此外，由于本土教师在跨文化交际方面的经验相对有限，在教学过程中可能难以有效应对学习者提出的跨文化问题，导致文化教学的深度和广度受到限制。

（三）师资培训体系的不完善

师资培训体系的健全程度直接决定了汉语教师的教学能力和职业发展水平。然而，当前汉语国际教育的师资培训体系仍然存在不足，主要体现在培训内容的针对性不强、培训模式的多样性不足、培训资源的可及性较低等方面。这些问题导致教师在进入教学岗位后，难以及时获得有效的教学指导和文化培训，从而影响其教学能力的提升。

部分培训课程仍然以语言教学为重点，对文化教学的重视程度不足，使得教师在进入国际教学环境后，面临文化传播能力不足的问题。同时，部分培训课程在内容设计上缺乏对国际教学环境的针对性，未能充分考虑不同国家和地区的文化背景、学习需求以及教学实际情况，使教师在海外教学中难以灵活运用所学知识。

培训模式的单一性也是影响师资培养质量的重要因素。当前的培训体系仍然以集中培训和短期课程为主，缺乏系统性和长期性的职业发展规划。同时，部分地区的汉语教师培训资源有限，在线培训体系尚未得到充分发展，使部分教师难以获得高质量的培训支持。培训体系的不完善，直接阻碍教师的职业成长，也在一定程度上制约了汉语国际教育的整体发展。

（四）教师职业发展与激励机制缺失

教师职业发展体系的健全程度，决定了汉语教师的职业稳定性和教学积极性。然而，在当前的汉语国际教育体系中，教师的职业发展路径不够清晰，激励机制也存在较多不足，导致部分优秀教师流失，影响师资队伍的稳定性。

教师职业发展体系的不完善，主要体现在缺乏明确的晋升机制和职业成长规划。在部分汉语教学机构中，教师的职业晋升路径较为单一，缺乏针对文化教学能力的专业考核体系，使得教师在职业发展过程中缺乏明确的方向。同时，由于职业发展空间有限，部分教师在长期从事教学工作后可能会产生职业倦怠，影响教学质量和文化传播效果。

激励机制不完善也是当前师资建设的一大问题。在部分海外汉语教学机构中，教师的薪资待遇和职业保障仍然存在较大差异，部分外派教师在海外工作的生活成本较高，但薪资待遇未能与其实际工作环境相匹配。此外，由于职业保障体系不完善，部分教师在外派期间的权益难以得到有效保障，影响了其工作积极性，也影响了汉语教师队伍的长期稳定性。

（五）师资国际化水平与本土教学需求不匹配

随着汉语国际教育的发展，各国对汉语教师的需求日益增长，但师资的国际化水平与各国本土教学需求之间仍然存在一定的矛盾。部分汉语教师在国际化教学方面的经验相对不足，难以满足不同国家或地区学习者的个性化需求。同时，部分国家对汉语教育的需求日益多元化，教学目标和学习内容逐渐向本土化方向发展，而当前的师资培养体系仍主要基于国内汉语教育的标准，未能充分响应国际教学的变化。

这种矛盾的存在，使得部分国家或地区的汉语教学难以形成长期稳定的发展模式。教师的国际化水平与本土教学需求之间的匹配问题，需要通过培养具备国际视野、熟悉目标国文化、掌握跨文化教学方法的汉语教师来解决，以确保汉语国际教育的可持续发展。

三、提升汉语教师文化教学能力的策略

汉语国际教育的核心使命之一是传播中华文化，而教师作为文化传播的关键主体，其文化教学能力直接影响中华文化的国际推广效果。随着全球汉语学习需求的增长，提升汉语教师的文化教学能力已成为提高汉语国际教育质量的重要任务。当前，汉语教师在文化教学方面面临文化知识体系不够完善、跨文化教学策略不足、国际化标准欠缺、跨文化交流经验有限以及教学资源利用率较低等问题。针对这些问题，可以通过加强中华文化专题培训、优化教师跨文化教育课程、构建国际化汉语教师认证体系、鼓励教师参与跨文化交流与合作以及利用在线教育资源助力教师培训等策略，系统性提升汉语教师的文化教学能力，增强中华文化在国际语境中的传播效果。

（一）加强中华文化专题培训

中华文化教学的有效性取决于教师对中华文化知识的深度掌握及其在教学中的灵活运用能力。针对部分教师在文化教学方面的知识局限性，应通过系统的文化专题培训，提高其文化素养，使其能够在课堂上准确传达中华文化的核心理念，并能结合不同文化背景的学习者特点，调整文化教学方式，以增强文化传播的有效性。

中华文化专题培训应注重体系化建设，涵盖儒家思想、道家哲学、传统艺术、历史演变、民俗节庆等多个维度，并结合现代中国社会的发展变化，使教师能够全面理解中华文化的动态性。培训内容不仅需要涵盖文化知识本身，还需要培养教师的文化解读能力，使其能够深入剖析文化现象的内在逻辑，并以符合目标受众认知特点的方式加以呈现。

文化专题培训还应结合实际教学案例，使教师在掌握文化理论的同时，能够通过案例分析和课堂实践，提升文化教学的实践能力。此外，借助案例教学、模拟课堂等方式，强化教师对文化误解的识别与应对能力，助力其在跨文化教学环境中更有效地进行文化传播。

（二）优化教师跨文化教育课程

跨文化教育课程的优化是提升汉语教师文化教学能力的重要举措。汉语国际教育的对象是来自不同文化背景的学习者，教师在文化教学过程中，需要理解目标受众的文化思维方式和认知习惯，并能够有效调整教学策略，以促进跨文化理解。因此，优化跨文化教育课程，使教师具备更强的文化适应能力和跨文化沟通能力，有助于增强文化教学的针对性和互动性。

跨文化教育课程应加强对不同国家或地区文化体系的研究，使教师能够深入了解目标国文化特征，从而在教学中更好地实现文化对接。此外，课程应强化跨文化交际理论的应用，使教师能够掌握不同文化背景下的沟通模式，并具备应对文化冲突和文化误解的能力。教学策略的优化也是跨文化教育课程的重要组成部分，应培养教师在文化教学中的互动技巧，使其能够通过对话、比较、案例分析等方式，引导学习者深度理解中华文化。

课程优化还应结合新媒体技术的发展趋势，提升教师在多模态文化传播环境中的教学能力。现代学习者获取文化信息的方式已从传统课堂转向多媒体和在线平台，因此，跨文化教育课程应涵盖新媒体文化传播的内容，使教师能够运用数字化手段开展文化教学，提高文化传播的灵活性并扩大覆盖面。

（三）构建国际化汉语教师认证体系

国际化汉语教师认证体系的构建，有助于提升汉语教师的专业素养，并为文化教学能力评估提供科学依据。目前，不同国家对汉语教师的资格要求存在差异，部分地区对文化教学能力的评估标准尚不完善，导致教师在文化教学能力的发展进程中缺乏统一的标准。因此，需要构建国际化的汉语教师认证体系，将文化教学能力纳入教师评估体系，以确保教师具备充足的文化传播能力。

国际化汉语教师认证体系的建立，应基于跨文化教学需求，设立明确的文化教学能力考核指标，包括中华文化知识储备、文化教学方法、跨文化沟通能力、文化传播策略等方面。同时，认证体系应引入动态评估机制，推动教师的文化教学能力持续提升，并能够适应全球汉语教育的最新发展趋势。

认证体系的国际化还需要通过全球合作实现，与国际汉语教学机构、海外高校及文化传播机构建立合作关系，共同制定文化教学标准，推动教师资格的国际互认。此外，可以通过实践教学考核，使教师在真实的跨文化教学场景中进行文化教学能力测评，以确保其文化传播能力符合国际标准。

（四）鼓励教师参与跨文化交流与合作

跨文化交流与合作是提升教师文化教学能力的重要途径。在实际教学过程中，教师在文化传播方面的经验积累，不仅依赖于理论知识的学习，也需要通过跨文化互动不断深化。因此，应积极推动汉语教师参与国际文化交流项目，以增强其文化传播的实践能力。

跨文化交流的形式可以多样化，包括国际教学交流项目、学术合作、文化交流论坛等。通过参与这些项目，教师可以深入了解不同国家的文化教育需求，提高自身的文化适应力，同时，也能够借鉴其他国家的文化传播经验，丰富自身的文化教学策略。此外，跨文化合作还能够推动教师之间的经验共享，促进教学方法的创新，提高文化教学的整体质量。

构建跨文化交流的长效机制至关重要。设立国际文化教学合作平台，使汉语教师能够定期与海外教育机构开展文化教学合作，在跨文化互动中提升文化教学能力，并推动中华文化在全球范围内的深度传播。

（五）利用在线教育资源助力教师培训

随着信息技术的迅速发展，在线教育资源已成为教师培训的重要渠道。在文化教学能力的提升过程中，利用在线教育资源可以突破时间和地域的限制，使教师能够随时随地进行专业学习，提高文化教学的持续发展能力。

在线教育资源建设需要涵盖中华文化专题课程、跨文化教学策略、文化教学案例库等内容，使教师能够在教学过程中根据自身需求查阅和学习。此外，在线资源的互动性也是提升培训效果的重要因素。通过虚拟课堂、在线研讨会、教学实践模拟等方式，可以增强教师的学习体验，使其能够在实践中提高文化教学能力。

在线教育资源的全球化共享，是推动汉语国际教育师资建设的重要方向。通过构建全球汉语教师在线学习平台，可以实现优质文化教学资源共享，促进全球范围内汉语教师的专业成长，并提升汉语国际教育的整体水平。

通过加强中华文化专题培训、优化教师跨文化教育课程、构建国际化汉语教师认证体系、鼓励教师参与跨文化交流与合作以及利用在线教育资源助力教师培训，可以全面提升汉语教师的文化教学能力，推动中华文化在国际语境中的传播与发展，使汉语国际教育更具全球影响力。

四、构建高效的师资培养体系

汉语国际教育的发展不仅依赖于高质量的教材和教学模式，更离不开专业化、国际化的教师队伍。面对全球日益增长的汉语学习需求，构建高效的师资培养体系成为提升汉语国际教育质量、促进中华文化传播的关键环节。当前的师资培养体系在培养模式、国际合作、在线培训、资源共享及政策支持等方面仍存在优化空间，需要通过搭建多层次的教师培养模式、加强高校与国际汉语教育机构的合作、推动在线师资培训平台的发展、促进国内外优秀教师资源共享以及加强政策支持和优化教师激励机制，构建科学、系统、高效的师资培养体系，以适应国际汉语教育的长期发展需求。

（一）搭建多层次教师培养模式

高效的师资培养体系应当涵盖从初级到高级、从理论到实践、从国内到国际的多层次培养模式，以满足不同阶段教师的专业发展需求。在当前汉语国际教育的发展进程中，教师培养的层次化和系统化尚存在一定不足，亟须构建涵盖初级教师培养、在职教师进修、高级师资研修等多层次的培训体系，使教师能够在不同发展阶段获得适配的专业提升路径。

在初级教师培养阶段，应注重夯实基础教学能力，塑造文化素养，使新任教师能够具备扎实的语言教学能力，并掌握中华文化的核心内容，同时具备基本的跨文化交际能力。在职教师进修阶段，应结合教师的教学经验和岗位需求，提供针对性较强的文化教学能力提升课程，尤其是针对跨文化教学、数字化教学方法、中华文化海外传播策略等方面开展深度培训，以增强教师的国际适应能力。对于高级师资研修，应聚焦于国际汉语教育的前沿研究，推动资深教师参与跨文化研究、教学创新及文化传播模式优化等领域的探索，提高其在国际教育环境中的影响力和领导力。

多层次培养模式的构建还应结合现代教育技术，采用线上线下结合的方式，提高培训的灵活性和可及性。通过实践教学、案例分析、文化对比研究等方法，使教师在真实的教学场景中不断提升文化教学能力，并最终形成系统的教学方法论，以适应全球不同地区的汉语教育需求。

（二）加强高校与国际汉语教育机构合作

高校是汉语国际教育师资培养的重要基地，而国际汉语教育机构则是实际教学的重要阵地，两者深度合作可以有效提升教师的国际适应能力，并促进师资培养体系的优化。当前的汉语国际教育师资培养仍然存在学术理论与教学实践脱节的问题，加强高校与国际汉语教育机构的合作，可以有效弥补这一不足，推动教师培养模式的实践化和国际化。

在合作模式上，高校可以与国际汉语教育机构联合开发教师培养课程，使培养体系更加符合国际教学环境的需求。同时，可以通过设立海外教师实习基地，使高校培养的汉语教师能够在实际教学环境中进行实践训练，提高其跨文化适应能力。此外，高校可以与国际汉语教育机构联合设立师资培训中心，共享教学资源，推动国际化师资培养模式的建立。

合作的深化还应体现在人才交流和研究合作上。高校与国际汉语教育机构可以联合开展跨文化教学研究，探索不同文化背景下的汉语教学方法，并结合目标国的文化特点，优化文化传播策略。同时，可以通过师资互派、国际教学论坛、学术研讨会等形式，促进全球汉语教育从业者互动交流，增强师资培养体系的开放性和多元性。

（三）推动在线师资培训平台的发展

现代信息技术的发展为汉语国际教育的师资培养提供了新的可能性。传统的教师培训模式往往受限于时间和空间，而在线师资培训平台的建立，可以使教师随时随地获得专业培训，提高培训的普及率和灵活性。推动在线师资培训平台的发展，是提升教师文化教学能力的重要路径。

在线培训平台应具备系统化的教学内容，涵盖中华文化知识体系、跨文化教学方法、国际汉语教育政策等多个方面。同时，平台应采用模块化教学方式，方便教师能够根据自身需求进行个性化学习。人工智能技术的应用可以进一步优化培训体验，如基于数据分析的智能推荐系统，能够为不同背景的教师提供定制化的学习路径，提高培训的精准度和效率。

在线培训平台的发展还应注重互动性和实践性。传统的在线学习模式往往以单向信息传输为主，而现代数字化学习环境应强调互动式教学，通过在线研讨会、虚拟课堂、案例分析、模拟教学等方式，使教师能够在互动交流中提升教学能力。此外，在线培训平台还可以结合虚拟现实、增强现实等技术，打造沉浸式文化教学体验，提高教师文化传播的实践能力。

（四）促进国内外优秀教师资源共享

在全球化背景下，汉语国际教育师资培养需要突破地域限制，实现国内外优秀教师资源共享。当前，国内外汉语教师在教学经验、文化传播策略、教学方法等方面各有优势，通过建立共享机制，可以促进经验交流，提高全球汉语教育的整体水平。

资源共享可以通过建立全球汉语教师网络平台，实现教师之间的经验互换。平台可以汇集各国优秀汉语教师的教学案例、课堂实录、文化教学策略等资源，使教师能够借鉴不同国家和地区的教学经验，提高自身的教学能力。同时，可以通过在线直播、国际教学交流会等方式，使国内外教师能够在实时互动中探讨教学难题，分享创新教学方法。

国内外教师资源共享还应体现在教师交流计划的实施上。通过推动国内教师赴海外教学，以及海外汉语教师来华研修，可以使双方在真实教学环境中深入学习彼此的教学模式，提高文化教学的国际化水平。此外，采用跨国联合培养模式，使国内外教师能够共同参与汉语教学项目，在协作中提升跨文化教学能力，推动汉语国际教育的全球化发展。

（五）加强政策支持，优化教师激励机制

政策支持是构建高效师资培养体系的重要保障。当前，汉语国际教育的师资建设在薪资待遇、职业发展路径、师资认证体系等方面仍有进一步完善的空间。通过加强政策支持，可以提升教师的职业归属感，提高教学积极性，推动师资队伍的长期稳定发展。

政策支持应涵盖教师培养体系的建设，包括设立专项资金支持师资培训、提供国际化教师资格认证、推动国际汉语教育标准化等方面。同时，应通过优化教师薪资待遇、改善海外教师的职业保障等措施，提高汉语教师的职业吸引力，增强师资队伍的稳定性。

教师激励机制的优化是师资培养体系建设的重要一环。通过建立科学合理的考核机制，使教师的文化教学能力成为职业发展的关键指标。此外，可以通过设立优秀教师奖励、提供进修机会、支持教师参与国际文化传播等方式，激励教

师不断提升自身文化教学能力，为汉语国际教育的可持续发展提供人才保障。

通过搭建多层次教师培养模式、加强高校与国际汉语教育机构合作、推动在线师资培训平台的发展、促进国内外优秀教师资源共享以及加强政策支持和优化教师激励机制，能够构建起高效的师资培养体系，提升汉语教师的文化教学能力，推动中华文化在全球范围内的深入传播。

第三节　海外汉语学习者的文化接受度与兴趣培养策略

一、海外汉语学习者的文化接受度影响因素

中华优秀传统文化在汉语国际教育中的传播，不仅取决于教学内容和教学方法的优化，还受学习者对文化的接受度影响。海外汉语学习者的文化接受度决定了他们在语言学习过程中对中华文化的理解、兴趣及认同程度。在跨文化交流环境下，不同学习者的文化背景、个人学习动机、社会环境、国际媒体的影响以及中华文化在目标国的传播状况等因素，都会对学习者的文化接受度产生直接或间接的影响。剖析这些因素对优化汉语国际教育的文化教学策略、提高学习者的文化兴趣和认同感具有重要意义。

（一）学习者的母语文化背景影响

母语文化背景决定了学习者对外来文化的认知方式和接受程度。在跨文化教育环境中，不同文化体系之间的思维方式、价值观念、历史叙事、行为规范存在较大差异，这些差异可能影响学习者对中华文化的理解与接受。

高语境文化与低语境文化的差异影响学习者的文化认知。中华文化属于高语境文化，强调言外之意、背景信息以及人际关系的微妙表达；而部分西方文化属于低语境文化，更倾向于直接、清晰的语言表达方式。这种文化模式的不同，

可能导致学习者在理解汉语语言背后的文化内涵时产生困难。例如，某些文化背景下的学习者可能更倾向于逻辑清晰的表达方式，而中华文化中蕴含的隐喻、委婉表达以及非语言信息，可能会让他们感到困惑甚至产生误解。

价值观念的差异也会影响文化接受度。中华文化强调集体主义、人际和谐、尊师重道，而部分西方文化体系则更加推崇个人主义、契约精神和平等互动。在文化教学过程中，学习者可能因为自身文化背景的影响，对中华文化中的某些价值观产生不同程度的认同或质疑。因此，在文化教学过程中，需要关注学习者的文化适应性，引导他们在对比与体验中理解中华文化的独特性。

文化习惯与行为规范的不同也会影响文化接受度。不同国家的学习者在社交礼仪、时间观念等方面存在较大差异，例如，部分国家的学习者可能对含蓄表达不够熟悉，容易误解中华文化中的谦逊与委婉。因此，文化教学需要结合目标学习者的文化习惯，采用更具包容性和互动性的方式，使他们能够在理解与体验中逐步接受中华文化。

（二）个人学习动机与文化兴趣

学习者的文化接受度在很大程度上受到个人学习动机和文化兴趣的影响。不同学习者学习汉语的动机各不相同，包括职业发展需求、学术研究兴趣、社交需求以及对中华文化的兴趣等。这些不同的学习动机，决定了学习者对中华文化的接受程度以及学习投入的深度。

以外在动机驱动的学习者通常看重汉语的实用价值，如在国际商务、学术研究、旅游交流等领域的应用。这类学习者的文化接受出发点可能较为功利化，他们更关注文化在现实应用中的价值，而对深层的中华文化传统可能兴趣较低。因此，在针对这类学习者的文化教学中，需要通过与现实需求结合的方式，提高文化内容的实用性，使中华文化成为学习者职业发展和社会交往的附加优势。

由内在动机驱动的学习者往往具有较强的文化兴趣，他们对中华文化本身具有较高的认同度，愿意主动探索中华文化的多样性和历史渊源。这类学习者的文化接受度较高，教学过程中可以采用更具深度的文化教学方法，鼓励他们进行跨文化比较和文化体验，增强文化认同感。

学习者的个体兴趣也会影响文化接受度。某些学习者对中华文化中的艺术、文学、哲学或社会习俗具有浓厚兴趣，而另一些学习者可能对现代中国的社会发展、科技创新等话题更为关注。因此，文化教学内容的设置应考虑学习者的兴趣点，使文化传播更具个性和针对性，以提高文化学习的吸引力。

（三）社会环境对中华文化的接受度

目标国的社会文化环境对学习者的文化接受度具有重要影响。不同国家或地区的社会舆论、教育体系、政策环境、文化开放程度等，都会影响当地民众对中华文化的看法，从而间接影响汉语学习者对中华文化的认同程度。

教育体系是影响文化接受度的重要因素。在部分国家，教育体系中对中华文化的介绍较为全面，汉语学习者可以在学校教育中获取较为系统的文化知识，这有助于提升学习者的文化接受度。而在某些国家，中华文化的传播相对薄弱，学习者对中华文化的接触较为有限，可能导致他们对文化的理解存在一定的片面性甚至产生误解。因此，在文化教学中，需要针对不同国家的教育背景，采取适应性的文化传播策略，确保中华文化的教学内容能够符合目标国学习者的认知需求。

社会舆论和媒体环境也会影响文化接受度。在某些国家，中华文化被视为多元文化的重要组成部分，社会环境较为开放，公众对中华文化持积极态度，这有利于提高学习者的文化认同感。而在某些文化背景较为封闭的国家，社会舆论可能对外来文化持保守态度，学习者可能在社会环境的影响下对中华文化产生一定的距离感。因此，在文化传播过程中，需要结合目标国的社会环境，采用符合当地文化习惯的传播策略，提高文化的亲和力和影响力。

（四）国际媒体对中华文化的影响

国际媒体在塑造中华文化形象方面发挥着重要作用。不同媒体对中华文化的报道角度、内容选择、叙事方式，都会影响学习者对中华文化的接受程度。

部分国际媒体对中华文化的传播较为积极，能够全面介绍中华文化的多样性、历史演进和现代发展，这种正面传播有助于激发学习者对中华文化的兴趣，提高文化接受度。然而，也有部分媒体在报道中华文化时，可能会过度强调文化差异，甚至作出偏见性解读，使得学习者对中华文化的理解受到影响。在这种情况下，需要通过多元化的信息渠道，如社交媒体、短视频、纪录片等，提高中华文化在国际舆论环境中的正面形象，增强学习者对中华文化的兴趣和认可。

二、提高学习者文化兴趣的教学策略

海外汉语学习者的文化兴趣是推动中华文化传播的重要动力。文化兴趣的提升不仅有助于学习者更深入地理解汉语语言环境，还能增强其文化认同感，促进跨文化交流的深入发展。在汉语国际教育的背景下，提升学习者的文化兴趣，需要从教学方法、教学内容、学习方式等方面入手，采取更加灵活、多元且具互动性的策略，使学习者能够在真实的文化体验和个人兴趣驱动下，对中华文化产生持久的探索欲和认同感。文化体验式教学、兴趣驱动型文化教学设计、流行文化的融入以及跨文化交流实践平台的搭建，都是提升学习者文化兴趣的重要策略。

（一）文化体验式教学方法的应用

文化体验是增强学习者文化兴趣的重要方式。在传统的汉语教学模式中，文化教学往往停留在知识传授层面，缺乏互动和体验，导致学习者难以产生深层次的文化认同。而文化体验式教学强调让学习者在亲身实践中感知文化，使文化知识从抽象概念转化为可触摸、可感知的现实体验，从而提升学习者的兴趣和参与度。

文化体验式教学方法的应用，可以通过场景模拟、角色扮演、实践活动等多种方式，使学习者在沉浸式环境中体验中华文化。例如，在课堂教学中，可以模拟中国传统节日的庆祝方式，使学习者在文化实践中理解文化背后的象征意义和社会功能。此外，通过组织文化探访、艺术实践、传统工艺制作等活动，使学习者能够直观地感受到中华文化的魅力，增强其文化兴趣。

现代技术的发展为文化体验带来新契机。利用虚拟现实和增强现实技术，可以打造沉浸式的文化体验环境，使学习者能够在数字空间中"亲历"中华文化场景，增加文化学习的趣味性和互动性。同时，结合在线学习平台，能为全球学习者提供远程文化体验，使文化传播突破地域限制，触及更广泛的受众。

（二）基于兴趣驱动的文化教学设计

兴趣是学习的内在驱动力，在汉语国际教育中，文化教学应充分结合学习者的兴趣点，采用个性化、互动式的教学设计，以激发学习者的主动探索精神，提高文化学习的持久性和深度。基于兴趣驱动的文化教学设计，需要关注学习者的个体差异，结合学习者的认知方式、兴趣领域及学习目标，制定具有针对性的文化教学方案。

兴趣驱动型教学强调学习者的主动参与，使其在文化学习过程中获得成就感和满足感。例如，一些学习者对中国历史感兴趣，可以通过讲述历史故事、介绍历史人物，激发其学习动力；而对现代科技或商业文化感兴趣的学习者，则可以围绕中国科技发展、商业模式、社会创新等话题展开文化教学。教师在设计教学内容时，应结合数据分析和调查研究，了解不同学习者的兴趣倾向，选取适合其兴趣点的文化内容，以提高学习者的文化吸引力和投入度。

此外，游戏化学习是兴趣驱动教学的重要方式之一。游戏化元素的引入，可以使文化学习更加生动有趣，增加互动性和挑战性，提高学习者的持续学习动力。任务式学习、竞赛式文化活动、团队合作式文化项目等，均可以有效提升学习者的文化兴趣，使其在轻松愉悦的氛围中深入了解中华文化。

（三）结合流行文化提高文化吸引力

流行文化是促进文化传播的重要媒介，其传播方式与内容更新速度较快，能够迅速吸引年轻学习者的关注。将流行文化融入文化教学，可以增强学习者对中华文化的兴趣，使其在日常生活中自然地接触和理解中华文化。

流行文化的传播方式多种多样，包括音乐、影视、文学、动画、社交媒体内容等。这些文化载体不仅具有较强的娱乐性，还能够反映中华文化的核心价值观、社会发展和现代生活方式。在汉语国际教育中，结合流行文化的教学策略，选取符合学习者兴趣的文化内容，使其在熟悉的文化媒介中感知中华文化的魅力，提高学习者的文化接受度和参与度。

流行文化的运用需要与文化教学目标相结合，确保文化内容的深度和广度。例如，分析影视作品中的文化元素，探讨其中的价值观、社会习俗、语言表达方式等，使学习者在欣赏流行文化的同时，领悟中华文化的内涵。流行文化的动态性较强，因此，教师在文化教学中需要不断更新教学素材，确保文化内容的时效性和趣味性，使学习者始终保持对中华文化的探索兴趣。

（四）构建跨文化交流实践平台

跨文化交流是提升学习者文化兴趣的重要手段。搭建跨文化交流实践平台，使学习者能够直接与中华文化的传承者进行互动交流，有助于消除文化隔阂，增强学习者对中华文化的理解和兴趣。跨文化交流实践平台可以提供真实的文化语境，便于学习者在实际的交流和互动中深化对中华文化的认知。

跨文化交流实践可以采用线上线下相结合的方式。线上交流平台可以借助视频会议、在线文化讨论、虚拟课堂等方式，使全球学习者能够随时随地参与文化交流，提高文化学习的灵活性和可及性。线下文化交流活动，则可以通过国际文化节、文化夏令营、海外孔子学院的文化推广项目等，使学习者在真实文化环境中直接体验中华文化，激发文化兴趣。

跨文化交流实践平台还可以结合社会实践，使学习者通过文化项目、志愿者活动、跨国合作研究等方式，深入参与中华文化的应用与传播。例如，国际汉语教师志愿者项目，能让学习者有机会与汉语母语者进行深度文化交流，增强其文化理解能力和认同感。此外，通过文化交流合作项目，如中外高校的联合文化研究、国际学生合作项目等，可以促进学习者对中华文化的多维度理解，提高文化兴趣的持久性。

综合运用文化体验式教学方法、兴趣驱动的文化教学设计、流行文化的融入以及跨文化交流实践平台的构建，可以有效提升海外汉语学习者的文化兴趣，使中华文化的传播更加生动、有趣和深入，增强学习者的文化认同感和学习动力，推动中华文化在国际上的持续发展和广泛传播。

三、增强海外学习者文化认同的路径

在汉语国际教育实践中，学习者对中华文化的认同程度直接影响其语言学习的深度与持久性。文化认同不仅涉及学习者对中华文化内容的理解，更涉及他们在跨文化交流中的情感共鸣和价值认同。海外汉语学习者的文化认同受多种因素影响，包括文化教学的互动性、真实文化语境的体验、文化在语言学习过程中的融入程度以及新媒体与数字技术的应用。通过优化文化教学策略，使学习者在学习过程中建立积极的文化认知和深厚的文化情感，能够有效增强他们对中华文化的认同感，提高汉语学习的积极性和持久度。

（一）增强文化教学中的互动性与趣味性

文化教学的互动性与趣味性是影响学习者文化认同感的重要因素。传统文化教学模式往往侧重知识传授，缺乏师生互动与学习者的主动参与，导致部分学习者难以深入理解文化内涵，甚至对文化学习产生消极情绪。增强文化教学的互动性和趣味性，可以提升学习者的文化参与度，使他们在文化体验中建立积极的文化态度。

互动性教学模式的应用，有助于学习者在真实的文化交流环境中理解和接受中华文化。例如，通过角色扮演、任务导向型学习、文化情景模拟等方法，使学习者能够在实践中体验中华文化的核心价值观与社会行为模式。在课堂互动中，引导学习者自主探索文化问题，并通过小组讨论、跨文化案例分析等方式，加深其对中华文化的理解。此外，师生之间的文化互动应强调多向交流，鼓励学习者分享自身文化经验，并与中华文化进行对比，以构建文化共鸣点，增强其文化认同感。

趣味性教学设计同样能够提升学习者的文化兴趣，并促使他们主动建立文化认同感。通过游戏化教学、互动式多媒体资源、文化故事讲解等方式，可以使文化知识更加生动形象，降低文化接受的门槛。趣味性教学不仅能够提高学习者的参与度，还能通过情感共鸣加深他们对文化的理解，使中华文化的传播更加自然和深入。

（二）提供真实的文化语境体验

文化认同的形成离不开真实的文化语境体验。在汉语国际教育中，如果学习者仅通过课堂学习接触中华文化，而缺乏现实生活中的文化互动，容易导致他们对中华文化的理解停留在表层，难以形成真正的文化认同。因此，通过提供真实的文化语境体验，学习者能够在实践中感受中华文化的魅力，是增强文化认同的重要路径。

真实文化语境的构建可以依托本土化的文化交流项目，使学习者能够身临其境感知中华文化。例如，通过组织中华文化节、汉语角、中华文化体验活动等，使学习者在真实的文化环境中运用所学语言，并通过与本地华人社群的互动，增强对中华文化的理解和认同。此外，文化浸润式学习（immersive learning）也是增强文化认同的重要手段，如提供短期访学、文化实践研修等机会，使学习者直接在中国社会文化环境中学习和生活，加深对文化的情感连接。

虚拟现实技术的发展为文化语境体验带来了新的可能性。通过虚拟现实、增强现实等技术，可以模拟中华文化的历史场景、社会交往模式、生活习惯等，使学习者能够在数字环境中体验中华文化的真实场景，从而在身临其境的体验中建立文化认同感。

（三）推动文化融入语言学习全过程

语言与文化是相辅相成的，语言学习过程中的文化融入程度直接影响学习者的文化认同感。在汉语国际教育中，如果语言教学与文化教学相互割裂，学习者可能仅关注语言的实用性，而忽视文化的深层价值。通过将文化内容系统化、情境化地融入语言学习全过程，能助力学习者在语言学习的同时建立文化认同感。

文化融入型语言教学的核心在于营造语言教学的文化情境，使学习者能够在自然的语言环境中接触和理解文化内容。例如，在汉语课堂中，可以结合语言学习内容，介绍相关的文化背景、历史故事、社会习俗等，使学习者在掌握语言表达方式的同时，理解其背后的文化逻辑。此外，文化融入语言学习还可以通过阅读、影视欣赏、案例分析等方式，使学习者在不同语言技能（听、说、读、写）的训练过程中，逐步建立对中华文化的认同感。

文化融入还需要根据不同学习者的文化背景和兴趣进行个性化调整。例如，对于偏重学术研究的学习者，可以阐释中华文化的思想体系、哲学逻辑；对于以商务汉语为主要学习目标的学习者，则可以在教学中融入中国商业文化、社交礼仪、职场沟通等内容，使他们能够在实际应用中理解并认同中华文化。文化融入型语言教学的最终目标，是让学习者在各类学习场景中都能自然地接触中华文化，并在长期积累的过程中建立文化认同感。

四、促进中华文化在海外的传播与接受

中华文化的海外传播不仅是汉语国际教育的重要组成部分，也是提升中华文化国际影响力的关键环节。在全球化和信息技术迅猛发展的背景下，中华文化的传播形式和受众需求呈现多样化态势。促进中华文化在海外的传播与认同，需要拓展文化推广渠道、优化文化传播内容、加强国际合作、提升社会影响力，并构建可持续的文化传播机制，以增强中华文化的国际适应性，提高其在全球范围内的认同度。

（一）拓展中华文化在海外的推广渠道

中华文化的海外推广渠道决定了文化传播的覆盖范围和影响力。在国际文化交流日益频繁的当下，拓展多层次、多形式的推广渠道，有助于提升中华文化的传播效率和受众接受度。

官方机构的文化推广是中华文化传播的重要途径。通过国家文化机构、汉语推广机构、驻外使领馆等官方渠道，可以在目标国家开展系列文化活动，增强中华文化的国际知名度。此外，各类文化交流项目、政府间文化合作协议，以及与国际组织的合作，可以为中华文化搭建更稳固的传播平台，提高其国际话语权。

民间渠道的文化推广能够增强文化传播的亲和力和影响力。通过海外华人社群、文化组织、学术机构等非官方平台，可以在不同国家或地区建立本土化的中华文化传播网络，使中华文化的推广更加贴合目标受众。同时，依托国际学术会议、文化节庆、影视展览等方式，可以推动中华文化在全球范围内的深度传播。

数字化渠道的拓展为中华文化的国际传播带来了新的机遇。随着新媒体、

社交平台、在线教育的普及，文化传播的边界被进一步扩展。利用短视频、直播、互动课程、虚拟现实等技术，可以使中华文化传播更加直观、生动，提高全球受众的接受度和参与度。此外，结合大数据分析，可以精准定位不同文化背景的受众需求，提供定制化的文化传播方案，增强传播的针对性和有效性。

（二）优化文化传播内容，提高针对性

中华文化的海外传播不仅依赖于渠道拓展，还需要优化传播内容，使其更加符合目标受众的认知特点和文化需求。在全球文化竞争日益激烈的背景下，提升中华文化的传播精准度，可以有效提高受众的接受意愿和文化认同感。

文化传播内容的本土化是提升接受度的重要策略。不同国家或地区的受众对中华文化的关注点各不相同，传播内容需要结合当地社会文化背景进行调整，使中华文化能够更自然地融入目标国的文化生态。在文化内容设计时，可以通过对比研究，找出中华文化与目标文化的共通点，使受众在文化比较中增强对中华文化的认同。此外，文化内容的表达方式也需要符合目标受众的认知习惯，避免文化隔阂和理解障碍。

现代化的文化表达能够增强中华文化的全球吸引力。中华文化不仅有悠久的传统文化，还涵盖当代中国的社会发展、科技创新、文化创意等现代文化元素。在文化传播过程中，合理融入现代中国的发展成果，使中华文化呈现出既有历史底蕴又充满活力的形象，可以激发受众对中华文化的兴趣。同时，通过多媒体技术，将中华文化内容以更加直观、生动、互动的形式呈现，可以提升文化传播的吸引力和参与度。

针对不同受众群体的个性化传播策略可以提高文化的接受率。不同年龄、职业、文化背景的受众，对中华文化的兴趣点各不相同。因此，在文化传播内容设计中，应根据受众群体的需求，提供不同层次的文化内容。对于学术研究者，可以提供系统化的中华文化研究资料；对于普通受众，可以采用通俗易懂、富有趣味的文化传播方式，以提升中华文化的普及度和亲和力。

（三）加强与海外文化机构的合作

国际文化合作是促进中华文化全球传播的重要方式。通过与海外文化机构

建立长期合作关系，可以扩大中华文化的国际影响力，提高其在全球文化体系中的地位。

高校和学术机构的合作是文化传播的重要支撑。通过与海外高校联合设立中华文化研究中心、开展汉语推广项目、开设文化课程等，可以为中华文化提供稳固的传播平台。此外，推动中外高校的学术交流、研究合作，可以促进中华文化与世界文化的互动，增强其在国际学术领域的影响力。

文化机构与艺术团体的合作可以提升中华文化的社会影响力。通过与国际文化中心、博物馆、剧院、影视制作公司等机构的合作，可以推动中华文化在全球的展览、演出、影视传播，提高中华文化的国际知名度。此外，通过国际文化节、跨国艺术展等活动，可以让更多目标国民众亲身感受中华文化，加深文化认同感。

企业和商业机构的合作能够推动文化产业的全球化发展。通过与国际企业合作，将中华文化元素融入全球市场，可以提高中华文化的商业影响力。例如，通过文化创意产业、品牌推广、文化产品出口等，实现中华文化传播的市场化和可持续发展，提高其在国际社会的渗透力。

（四）增强中华文化传播的社会影响力

中华文化的国际传播需要增强其在目标社会的影响力，使其成为全球文化体系的重要组成部分。提升中华文化的社会影响力，需要借助舆论引导、社会活动、公众教育等，推动中华文化在全球范围内获得更广泛的社会认同。

主流媒体的传播可以提升中华文化的国际认知度。通过与国际主流媒体合作，增加中华文化相关内容的报道频率，可以提升中华文化在全球公众中的知晓度。此外，依托自媒体和社交平台，可以推动中华文化内容广泛传播，提高公众认知度。

社会活动的推广可以增强文化的渗透力。通过在目标国组织各类文化体验活动，如书法展览、茶文化推广、中医讲座等，可以使中华文化更加贴近目标受众的日常生活，提高其文化接受度。同时，通过与当地社会组织、社区机构合作，可以推动中华文化在目标国的基层传播，使其成为多元文化的一部分。

（五）构建持续性的文化传播机制

中华文化的海外传播需要长期、稳定的推广机制，确保文化传播的持续性和影响力。建立可持续的文化传播机制，能够有效提高中华文化的全球认可度，使其在国际文化竞争中占据更加重要的位置。

政策支持和制度建设是文化传播的长期保障。政府可以通过文化政策支持、专项资金投入、签订国际文化合作协议等方式，为中华文化的全球传播构建稳固的支持体系。此外，可以建立国际文化传播评估体系，对中华文化的海外传播效果进行定期评估，并根据传播数据优化文化推广策略，从而提高传播效率。

全球化的文化传播网络有助于推动中华文化的长期发展。通过建立全球性的中华文化传播网络，使不同国家和地区的文化机构、教育机构、企业、个人共同参与中华文化的国际推广，增强文化传播的协同性和影响力。此外，可以设立中华文化国际传播中心，为全球中华文化推广提供系统化的资源和支持，确保中华文化在国际舞台上的持续传播并保持影响力。

第五章　中华优秀传统文化融入汉语国际教育课程体系的构建路径

第一节　课堂教材编写与开发创新

一、汉语国际教育教材中的中华文化编写原则

汉语国际教育教材不仅承担着语言教学的职能，还承载着传播中华优秀传统文化的使命。在全球化背景下，教材编写必须遵循科学、系统、适应性强的原则，以确保文化内容既符合国际汉语学习者的认知规律，又能精准传递中华文化的精髓。因此，在教材编写过程中，需要从文化内容的科学性与系统性、跨文化适应性与可理解性、教学目标与文化知识的融合度以及传统文化与现代文化的平衡等方面进行综合考量。

（一）文化内容的科学性与系统性

汉语国际教育教材中的中华文化编写必须遵循科学性原则，即文化内容应基于学术研究的最新成果，并以历史事实为依据，确保文化知识的准确性。同时，系统性也是教材编写的重要标准，文化内容需要从历史、哲学、艺术、社会

习俗等多个维度展开，形成有机联系，避免碎片化传播。此外，教材应结合汉语学习者的语言水平，由浅及深地推进文化知识传授，助力学习者在语言学习的同时，建立对中华文化的全面认知。

在文化内容的编排上，教材应呈现历史发展脉络，使学习者能够理解中华文化的演变过程。例如，围绕历史朝代、思想流派、文化遗产等主题，构建清晰的知识体系，使学习者能够从纵向的时间线索中领悟中华文化的延续性。同时，在横向维度上，可从文学、艺术、科技、民俗等角度展开，使不同文化领域的内容相互关联，增强文化知识的整体性。

（二）跨文化适应性与可理解性

不同国家或地区的汉语学习者在文化背景、价值观念和接受习惯方面存在较大差异，因此，汉语国际教育教材中的中华文化内容必须具备较强的跨文化适应性。教材编写需考虑目标学习群体的文化认知基础，避免因文化隔阂导致理解障碍。同时，应借鉴跨文化传播学理论，采用符合国际教育趋势的表达方式，以提升学习者对中华文化的接受度。

在教材的具体设计上，可运用对比分析的方法，使学习者在熟悉的文化框架下理解中华文化。例如，在讲解礼仪文化时，可选取不同国家的社交习惯进行对比，以帮助学习者更直观地理解中华文化的特点。此外，教材编写还应注重文化内容的通俗化表达，避免使用过于晦涩的专业术语，使学习者能够轻松理解和运用。

（三）教学目标与文化知识的融合度

汉语国际教育的核心目标是语言教学，因此，中华文化的融入必须服务于语言教学目标，而不能成为孤立的文化课程。教材编写应紧密结合汉语学习的各个阶段，在词汇、语法、语篇等语言知识的基础上，融入相应的文化内容，使语言与文化教学相辅相成。例如，在教授"家"这一概念时，不仅可以讲解相关的汉语词汇与句型，还可以介绍中华文化中家庭观念的核心思想，如孝道、家族纽带等，助力学习者更深入地理解语言背后的文化内涵。

此外，教材中的文化内容应与各级语言水平的教学目标相匹配。在初级阶段，教材可着重介绍生活化的文化元素，如饮食、节日、服饰等，以增强学习者的兴趣；在中高级阶段，则可逐步融入中国哲学思想、文学经典等深层文化内容，以提升学习者的文化素养。通过这种层次化的文化融入方式，使中华文化的传播与汉语学习相互促进，提高文化教学的有效性。

（四）传统文化与现代文化的平衡

中华文化既包含悠久的传统文化，也涵盖现代社会的文化发展成果。因此，汉语国际教育教材在文化编写上应避免片面强调古代文化，而忽视现代文化的创新性和活力。传统文化是中华文化的根基，应在教材中得到充分展现，如儒家思想、书法艺术、诗词歌赋等内容均可纳入教材体系。然而，现代文化同样不容忽视，教材可适当介绍当代中国的发展成就、科技创新、影视艺术、流行文化等，使学习者能够感受到中华文化的与时俱进。

在文化内容的选取上，教材应注重文化的连续性，使传统文化与现代文化形成有机结合。例如，在讲解"工艺美术"时，可介绍青花瓷、剪纸等传统艺术，同时融入现代设计理念、创新工艺等内容，以展示中华文化的传承与发展。此外，在教学过程中，也可适当引入现代文化案例，如中国影视作品、流行音乐、网络文化等，引发学习者的文化共鸣，增进其对当代中国社会的理解。

总的来说，汉语国际教育教材中的中华文化编写应遵循科学性、系统性、适应性、融合性和平衡性等原则，以确保文化内容既能准确呈现中华文化的精髓，又能符合国际学习者的认知特点。通过科学合理的文化编写方式，教材不仅能够提高汉语学习的质量，还能有效推动中华文化的国际传播。

二、文化主题与语言知识融合编写思路

在汉语国际教育的教材编写过程中，文化主题与语言知识的融合是实现语言教学与文化传播双重目标的关键。教材不仅要教授汉语语言知识，还需在内容编排上科学地融入中华优秀传统文化，使学习者在掌握语言能力的同时，自然地理解和接受中华文化的核心内涵。因此，教材编写需围绕文化专题构建单元设计，合理安排词汇、语法与文化内容的融合方式，并依据不同语言水平的需求进

行分层融入，同时将文化实践活动纳入教材体系，以提高学习者的文化体验感和实践能力。

（一）基于文化专题的单元设计

在汉语国际教育教材的编写过程中，以文化专题为核心进行单元设计，能够显著增强文化内容的系统性，并提升语言学习的情境感。文化专题的选择应覆盖中华优秀传统文化的多个领域，包括哲学思想、社会习俗、历史事件、文学艺术等，使学习者在不同的语言学习阶段能够接触到多层次的文化内容。单元的编排不仅需要考虑内容的逻辑性和文化的连贯性，还应确保其符合汉语学习者的语言水平，避免因文化知识的深度不当而阻碍语言学习的进程。

教材中的文化专题单元设计应遵循主题明确、层次分明、循序渐进的原则，使学习者能够在语言学习的过程中自然地获取文化信息。单元的设计既要体现中华文化的特色，也要考虑目标学习者的文化背景和接受能力，确保文化内容既能够激发兴趣，又能够促进语言技能的提升。通过围绕不同的文化主题进行单元划分，教材能够形成完整的知识体系，使学习者在掌握语言的同时，自然地感受到中华文化的魅力。

（二）词汇、语法与文化内涵关联编排

语言学习的核心在于词汇和语法，而文化内容的融入需要与语言知识精准匹配，以确保学习者在掌握语言规则的同时，也能理解其所承载的文化意义。因此，教材编写需在词汇和语法教学中，有机地嵌入相关的文化内容，使学习者能够通过语言学习深入理解中华文化的精髓。

在词汇编排方面，教材需关注文化语境中的高频词汇，使学习者在使用汉语表达时，能够理解并掌握与文化相关的词汇群。例如，涉及传统节日的词汇不仅涵盖基本的名称和时间，还应包括相关的风俗习惯、象征意义和社会背景，使学习者能够在实际应用中正确使用这些词汇。此外，教材可在不同的语言阶段引入不同层次的文化词汇，初级阶段侧重日常生活类词汇，中高级阶段则逐步引入历史典故、成语等更具文化深度的词汇表达。

在语法教学方面，教材应结合文化内容展开教学，使学习者在掌握语言结

构的同时，理解文化背后的逻辑。例如，在讲解汉语的句式结构时，可结合儒家思想的表达方式，体现汉语表达中注重委婉、含蓄的特点；在教授动词的使用时，可结合中国传统礼仪，展现汉语表达中对敬辞和谦辞的使用方式。通过这种方式，使语法教学不再是单纯的结构讲解，而是与文化表达方式紧密结合，从而增强学习者的文化理解能力。

（三）根据语言水平分层嵌入文化内容

汉语学习者的语言水平差异较大，在文化内容的编写过程中，应根据不同阶段的学习需求进行分层嵌入，确保文化内容既符合学习者的认知水平，又能随其语言能力的提升逐步深化。在初级阶段，文化内容的编写应以基础性、通俗性为主，聚焦学习者日常生活中的文化接触点，使其能够通过简单的文化元素增强对汉语的兴趣；在中级阶段，文化内容可逐步引入历史、哲学、文学等更具深度的主题，帮助学习者建立更为全面的文化认知；在高级阶段，教材则应强化学习者对中华文化的深入理解，促进其跨文化思维的形成。

在文化嵌入方式上，初级阶段可采用图文结合、情境化表达等手段，使学习者直观感知文化信息；中级阶段可采用阅读理解、情景对话等形式，使学习者在实际应用中理解文化内涵；高级阶段则可通过案例分析、文化讨论等方式，引导学习者思考文化背后的价值观和社会意义。这种分层嵌入的方式不仅能够确保文化内容的可接受性，也能有效促进学习者的语言应用能力。

（四）将文化实践活动融入教材环节

文化理解不仅依赖于理论知识的传授，更需要实践活动的支撑。因此，在教材编写过程中，应将文化实践活动作为重要的教学环节，使学习者能够在实际操作中体验和感悟中华文化的独特魅力。文化实践活动不仅能够增强学习者的文化体验感，还能提高其语言应用能力，使其在真实的文化场景中灵活运用所学语言知识。

在实践活动的设计上，教材应结合不同文化主题，设置多样化的文化体验环节。例如，在学习传统书法时，可安排汉字临摹练习，使学习者在书写过程中理解汉字的文化意涵；在学习中华饮食文化时，可安排菜谱阅读和烹饪实践，使学习者在动手操作的过程中掌握相关的语言表达方式。此外，教材还可通过任务驱动型活动，如文化探究、案例分析、角色扮演等，促使学习者在解决问题的过程中深度参与文化学习。

文化实践活动的融入不仅有助于增强学习者的文化认同感，也能提升其在跨文化交流中的适应能力。通过实际体验文化内容，学习者能够更加深刻地理解中华文化的核心价值观，并在跨文化交际中准确传达中华文化。这种实践性教学模式能够有效弥补传统文化教学中单向输入的局限性，使文化学习更加生动和深入。

综上所述，汉语国际教育教材中文化主题与语言知识融合编写需遵循科学的教学原则，围绕文化专题进行单元设计，在词汇、语法等语言知识的编排中合理嵌入文化内容，并依据学习者的语言水平进行分层设置，同时结合文化实践活动增强学习者的实际体验。通过这些策略，教材能够实现语言教学与文化传播的双重目标，提高学习者的汉语应用能力和中华文化认知水平。

三、数字教材开发技术应用

随着信息技术的迅猛发展，数字教材已成为汉语国际教育的重要教学资源。在全球化与数字化交互日益增强的背景下，如何利用先进的技术手段优化汉语国际教育中的中华文化传播，成为教材编写与开发的重要课题。数字教材不仅提升了汉语教学的灵活性和互动性，还为中华文化的生动展现提供了更为丰富的载体。因此，数字教材的开发与应用应围绕多媒体元素的整合，增强现实、虚拟现实技术的创新应用，互动式教材设计，更新反馈平台的搭建以及兼容性与安全性的保障等方面展开系统研究和实践。

（一）多媒体元素在数字教材中的整合

在汉语国际教育教材的数字化转型过程中，多媒体技术的应用有效拓展了教学内容的表现形式，提高了学习者的兴趣与参与度。文本、音频、视频、动画等多种媒体形式的结合，使得中华文化的呈现更加生动直观，有助于打破单一文本教学带来的理解障碍。多媒体元素的整合不仅能够增强教学的可视化效果，还能促进学习者的多感官互动，提高对文化内容的理解深度。

在数字教材的开发过程中，需注重不同媒介元素的协同作用，使语言学习与文化体验紧密结合。音频材料可帮助学习者掌握汉语语音、语调及表达方式，而视频与动画的嵌入则能再现文化场景，使学习者更直观地理解汉语在不同文化语境中的使用方式。此外，图像和互动式地图等工具的应用，有助于展示中华文化的地域特色，使学习者能够更具象地感知文化的多样性。合理运用多媒体资源，能够使汉语国际教育教材更加生动形象，提高教学效果。

（二）利用增强现实、虚拟现实技术增强文化体验

增强现实和虚拟现实技术的广泛应用，为汉语国际教育提供了全新的文化教学方式。这些技术通过模拟真实环境，使学习者能够身临其境地体验中华文化，克服了传统教学方式在文化传递上的局限性。通过增强现实、虚拟现实技术，学习者可以在虚拟世界中探索中国的历史遗迹、体验传统技艺、参与文化活动，从而形成更加直观和深刻的文化认知。

在数字教材的研发过程中，增强现实技术可用于增强文化场景的互动性，使学习者能够在现实环境中叠加虚拟文化元素，提高学习的沉浸感。虚拟现实技术则可以构建虚拟中华文化空间，使学习者在交互体验中深入理解文化内涵。例如，通过虚拟现实技术，学习者可以在虚拟环境中参观故宫、体验茶艺、欣赏书法创作，这种交互式文化教学模式能够显著提升学习者的文化代入感与参与感。通过这些新技术的运用，数字教材能够提供更加丰富的文化体验，提高中华文化的传播效果。

（三）开发互动式数字教材功能

数字教材的优势之一在于其交互性，能够通过多种方式提升学习者的主动学习能力。互动式功能的设计不仅增强了学习者对文化内容的理解，还促进了跨文化交流，使学习者能够在实践中掌握汉语语言知识和中华文化精髓。数字教材的互动功能可涵盖语音识别、智能评测、游戏化学习等多方面，使学习过程更加个性化、智能化。

在交互设计层面，语音识别技术可以帮助学习者进行发音练习，使其能够

在系统反馈中不断调整语音表达，提高语言应用能力。智能评测系统可基于学习者的语言能力和文化认知水平，提供个性化的学习建议，确保教学内容的针对性。游戏化学习模式则能够借助任务驱动、文化闯关、角色扮演等方式，提高学习的趣味性，使中华文化学习变得轻松高效。这些互动功能的开发不仅提升了数字教材的教学效果，还增强了学习者对中华文化的学习兴趣。

（四）搭建数字教材更新与反馈平台

随着汉语国际教育的不断发展，教材内容需要与时俱进，以适应全球学习者的需求。因此，数字教材的开发需建立动态更新与反馈机制，使教材内容能够持续优化，符合最新的教学趋势和学习需求。通过搭建在线平台，教材编写者能够实时收集学习者的反馈，并根据教学效果进行内容调整，提高教材的实用性与科学性。

数字教材的更新机制可采用云端数据库管理方式，实现教学内容的灵活调整和快速迭代。通过智能数据分析，系统能够监测学习者的使用情况，识别学习难点，并提供针对性的教学优化方案。此外，在线反馈平台的建立，为学习者和教师建立了交流空间，使教师能够依据学习者的反馈调整教学策略，提升文化教学的精准度。这种动态更新机制能够确保教材的长期适用性，使汉语国际教育教材始终保持前沿性和有效性。

（五）保障数字教材的兼容性与安全性

在数字教材的推广过程中，兼容性与安全性问题至关重要。由于全球各地学习者使用的设备和系统存在差异，数字教材应具备跨平台适配能力，确保在不同终端上的稳定运行。此外，数据安全问题也是数字教材开发过程中不可忽视的方面，需要采取有效措施保护学习者的个人信息和学习数据，确保教材的安全性与可靠性。

在兼容性方面，数字教材应采用开放标准，确保其能够在 PC、手机、平板等多种设备上流畅运行，并支持不同操作系统。同时，教材开发应避免过度依赖单一技术，以提高其长期适用性。在安全性方面，教材系统需采用加密技术，防止数据泄露，并加强用户权限管理，以确保学习者的隐私安全。此外，教材应遵循国际教育数据标准，确保其在不同国家和地区的合法合规性，提高数字教材的可信度并拓宽推广范围。

通过以上策略，数字教材在汉语国际教育中的应用不仅能够提高教学质量，还能拓宽中华文化的传播途径，使文化传播更加生动、直观、富有互动性。在科技助力下，汉语国际教育教材正朝着智能化、多元化的方向发展，为全球汉语学习者带来更优质的学习体验。

四、教材内容的国际化视野拓展

在全球化深入发展的背景下，汉语国际教育不仅要传播语言知识，还需通过教材内容的优化，加强中华文化与世界各国文化的对话，使其更具国际影响力和适应性。教材的国际化视野拓展不仅关乎中华优秀传统文化的传播广度，也决定了学习者对文化内容的接受度和理解力。因此，教材内容的设计需要从中外文化的对比、国际文化交流案例的引入、文化多元性与包容性的体现、全球文化发展趋势的融入，以及对不同国家教育政策的适应等方面进行深入探索，以促进汉语国际教育教材的国际化发展。

（一）对比中外文化相似点与差异点

文化对比是促进跨文化理解的重要途径。在汉语国际教育教材的编写过程中，通过对比不同国家的文化特征，能够帮助学习者更清晰地认知中华文化的独特性与普适性，增强文化学习的针对性和趣味性。中外文化的对比不仅可以展现语言背后的文化逻辑，还能有效减少文化误解，提高学习者的文化敏感度。

在文化内容的选取上，教材应关注中外文化在社会价值观、历史传统、日常生活方式、礼仪习俗、艺术表现等方面的相似性和差异性，使学习者能够在熟悉的文化背景中理解中华文化的独特性。例如，不同文明对家庭观念的理解、节日庆祝方式、餐饮文化展现等，均可作为文化对比的素材。通过这种方式，学习者能够在自身文化经验的基础上建立对中华文化的认知，从而增强跨文化交际能力。

此外，文化对比的内容应具有动态性，关注文化在历史发展过程中的演变，避免将中华文化静态化、固化。在文化传播过程中，应强调中华文化的包容性和发展性，使学习者能够理解中华文化如何在全球化浪潮中吸收外来文化元素，并形成新的文化表达方式。这不仅有助于消除文化传播中的刻板印象，也能够提升中华文化在全球语境中的适应力。

（二）引入国际文化交流案例

文化交流是推动文化传播的重要方式。在汉语国际教育教材的编写过程中，引入国际文化交流的真实案例，能够使学习者更加直观地理解中华文化在全球范围内的传播路径，同时也能增强其在不同文化环境中的应用能力。国际文化交流案例的选择需涵盖多个领域，包括文学、艺术、教育、商业、科技等，使学习者能够在多种社会场景中领会文化的交融与互鉴。

在具体实施过程中，教材可通过展现不同国家和地区在文化交流中的真实经历，展示中华文化在跨文化语境中的表现。例如，中国传统艺术在海外的推广、中国科技文化在国际上的传播、跨文化合作中的语言适应性等，都可以作为文化交流案例的一部分。通过这些案例，学习者能够认识到中华文化在国际社会中的现实影响，并增强其在跨文化交流中的应用能力。

同时，国际文化交流案例的选取应具有代表性和时代性，能够反映当代全球化进程中的文化互动特征。通过展示文化传播的成功经验和挑战，教材可以帮助学习者理解文化传播的复杂性，并引导其在跨文化交流中形成尊重与理解的态度。这种实践性案例的融入，能够有效提升学习者的文化认知能力，使其在未来的国际交往中更具文化适应力。

（三）体现文化多元性与包容性

文化多元性是当代全球社会的重要特征，而文化包容性则是跨文化交际顺利进行的前提。在汉语国际教育教材的编写过程中，应充分展示中华文化的多样性，使学习者认识到中华文化并非单一的文化体系，而是包含多民族、多地域、多历史阶段文化特色的有机整体。同时，教材应凸显中华文化在与世界其他文化交流融合中的开放性与包容性，摒弃单向性的文化传播模式。

在文化内容的选取上，教材应关注中华文化内部的多样性，涵盖不同地域的文化特色，如南北方的文化差异、不同民族的传统习俗、各地的方言与语言特色等，使学习者能够全面认识中华文化的多元性。同时，教材还应关注中华文化在全球范围内的发展态势，展现其如何在不同文化环境中与其他文化相互影响、共同发展。

在文化包容性的体现上，教材应避免文化优越论的表达方式，而应强调文化的互动性与互鉴性。教材内容应引导学习者认识到，每种文化都有其独特的历史背景与社会价值，文化交流的目的是促进理解与合作，而非建立文化等级观念。通过这种文化观念的培养，教材能够帮助学习者在跨文化交际中形成更加开放和尊重的文化态度。

（四）关注全球文化发展趋势融入新元素

全球化发展促使文化传播的方式与内容不断革新。汉语国际教育教材在编写过程中，需要紧跟全球文化发展的趋势，及时融入新的文化元素，以增强教材内容的时代感和前瞻性。文化的发展趋势不仅涉及科技、经济等领域的变革，也包括文化传播方式的创新，如数字文化、网络文化、短视频传播等新兴文化现象，都应成为教材内容的重要组成部分。

在全球文化趋势的融入过程中，教材需要关注中华文化在数字时代的传播方式，如社交媒体上的汉语传播、新媒体平台上的文化表达方式、人工智能在语言教学中的应用等，使学习者了解文化如何通过新技术实现更广泛的传播。此外，教材还应关注全球范围内对文化认同和文化身份的讨论，培养学习者的文化思辨能力，使其能够在复杂的文化环境中保持批判性思维。

与此同时，文化内容的更新应具有持续性，避免教材内容因时间推移而逐渐失去现实意义。教材编写团队应定期对全球文化趋势进行研究，并在教材修订过程中及时调整文化内容，使其始终保持与时代发展同步。这种动态化的教材编写方式，能够确保中华文化在国际传播中的竞争力和影响力。

（五）使教材适应不同国家教育政策

不同国家的教育政策对语言教学的要求各不相同，因此，汉语国际教育教材的编写需要充分考虑目标国家的教育体系，使教材内容能够与当地的课程标准、考试体系、教学方法相适应，以确保其在国际市场的广泛应用。在教材设计过程中，需要关注各国教育政策的差异，包括语言能力等级标准、考试内容要求、教学时长分配等，使教材在不同国家的教学环境中都能实现高效的文化传播。

此外，教材编写应关注不同国家学习者的需求和学习习惯，合理调整教材的教学进度和文化内容的深度，使其既符合汉语学习的规律，又能够顺应当地的教育模式。这不仅能够提高教材的使用率，还能够增强中华文化的传播效果，使汉语国际教育更加国际化、多元化。

综上所述，教材内容的国际化视野拓展需要从文化对比、文化交流案例、多元文化表达、全球文化趋势适应性及教育政策对接等多个方面进行深入研究和实践。通过这些举措，汉语国际教育教材能够在全球范围内更有效地传播中华文化，并增强学习者的跨文化理解能力。

五、教材编写团队建设

在汉语国际教育教材的编写过程中，团队的专业性、国际化视野和协作能力直接决定了教材的质量和文化传播的广度。教材编写不仅涉及语言学、教育学，还涵盖中华优秀传统文化的内容筛选、跨文化传播的策略研究以及数字化教育技术的应用。因此，教材编写团队的建设需从专家人才的汇聚、国际教育工作者的参与、编写团队的培训交流以及激励机制的建立等方面展开系统规划，以确保教材能够兼具科学性、适应性和文化传播价值。

（一）汇聚语言教育专家与文化学者

教材的编写需要具有多学科背景的专家协同合作，以确保语言教学内容的科学性、系统性以及文化表达的准确性。语言教育专家主要负责教材的语言知识体系搭建，包括词汇、语法、句法、语篇等教学内容的规划，同时结合学习者的认知特点和汉语习得规律，优化教学顺序和知识点的呈现方式。文化学者则在教材编写过程中承担文化筛选、知识解读和内容表达的任务，确保中华文化的介绍符合历史事实、文化逻辑和跨文化传播原则。

　　语言教育专家与文化学者的合作应建立在多轮论证和反复修订的基础上，使语言知识与文化内容形成有机结合。语言教学的核心目标是提升学习者的汉语表达能力，而文化内容的融入必须服务于这一目标，因此，专家团队需要在教材编写过程中共同讨论文化内容的嵌入方式，确保其不会干扰学习者的语言学习进程，而是成为语言学习的助力。此外，文化学者在筛选文化内容时，需要兼顾中华文化的多元性与全球适应性，确保教材能够满足不同国家学习者的需求，并符合汉语国际传播的战略目标。

　　团队建设还应注重不同学科的交叉合作，除了语言学和文化学领域的专家，还可以引入心理学、传播学、教育技术等领域的研究者优化教学效果。心理学专家可提供学习者认知特点和学习动机的分析，辅助调整教材内容的难度和呈现方式；传播学专家可针对文化内容的传播策略提供建议，使教材内容更加符合国际学习者的文化接受规律；教育技术专家则可优化数字化教材的编排方式，增强互动性和学习体验。通过多学科团队的深度协作，教材能够在语言教学、文化传播和技术应用等方面实现有机整合。

（二）邀请海外教育工作者参与编写

　　汉语国际教育的受众遍布全球，不同国家或地区的学习者在语言需求、文化认知和教学环境上存在显著差异。因此，在教材编写过程中，邀请海外教育工作者参与，能够确保教材内容的跨文化适应性，提高其在国际市场的接受度和应用价值。海外教育工作者包括在国际学校、孔子学院、大学汉语系等机构任教的汉语教师，以及本土教育研究者、课程开发专家等，他们对本地学习者的语言习得规律、文化背景和教学需求有着深入的了解，能够为教材编写提供实践经验和反馈。

　　海外教育工作者的参与可以涵盖多个环节，从内容规划、教材试用到修订优化，确保教材能够精准匹配目标国家的教育体系。团队可以通过定期研讨会、问卷调查、课程反馈等方式，收集海外教育工作者的建议，优化教材的结构和表达方式。同时，不同国家的教育政策、课程标准、考试体系各不相同，海外教育工作者可以协助教材编写团队调整内容，使其符合不同国家的汉语教学要求，从而提升教材的实用性和推广效果。

此外，海外教育工作者的加入，还能够增强教材的国际化表达方式，使文化内容更易理解和接受。某些中华文化概念在不同文化背景下的理解可能存在偏差，海外教育工作者可以提供文化翻译和跨文化解释方法，使中华文化内容既能保持其本真，又能符合国际学习者的认知规律。团队的国际化合作模式，有助于提升教材的跨文化传播能力，使其更具全球影响力。

（三）开展编写团队培训与交流活动

教材编写团队的专业能力和国际视野决定了教材的质量，因此，定期的培训与学术交流至关重要。培训内容应涵盖汉语国际教育的最新研究成果、跨文化教学方法、文化传播策略、教育技术应用等方面，使编写团队能够不断更新知识结构，提高专业素养。同时，交流活动可以促进团队成员之间的思想碰撞，提升团队协作效率，使教材内容更加科学严谨。

在培训方式上，可以采取专家讲座、专题研讨、案例分析等形式，使编写团队成员深入了解教材编写的核心原则和实施方法。通过研究国际汉语教育的前沿趋势，团队可以更好地把握学习者的需求变化，并据此优化教材内容。此外，借助在线学习平台，可以组织全球汉语教育专家进行远程交流，分享各国的教材编写经验，使团队成员能够接触多元教学模式，提升跨文化教材编写能力。

交流活动可以突破地域限制，邀请国际汉语教育专家、文化学者、技术开发人员共同参与，促进不同领域的学术对话。通过跨文化交流，编写团队能够更深入地了解不同国家学习者的文化接受习惯，并结合实际教学案例进行内容优化，使教材更符合国际教学需求。此外，定期举办教材试点应用研讨会，收集使用教材的教师和学习者反馈，助力团队调整教材内容，使其更具针对性和实用性。

（四）建立编写团队激励机制

高质量的教材编写需要长期的研究、策划和优化，因此，建立有效的激励机制是维持编写团队积极性的重要保障。激励机制应涵盖物质奖励、学术认可、职业发展支持等多个方面，以吸引高水平人才持续参与教材编写工作，并确保团队的稳定性和创造力。

物质激励可以通过设立编写津贴、专项研究基金等方式，提高团队成员的工作积极性。同时，为了激发团队的创新能力，可以设立优秀教材编写奖项，鼓励团队成员提出新颖的教学设计方案，推动教材内容的不断优化。此外，编写团队成员的学术贡献应得到充分认可，如将教材编写工作纳入职称评审、科研考核体系，使其成为学术发展的重要组成部分。

职业发展支持也是激励机制的重要内容。团队成员可获得参与国际学术会议、出版研究论文、开展海外教学实践等机会，以拓展其学术影响力。同时，通过建立导师制，资深专家指导新成员，构建人才梯队，确保教材编写可持续发展。完善的激励机制不仅能提升团队成员的积极性，还能促进团队的长期合作，使教材编写工作持续保持高水平。

综上所述，教材编写团队建设的核心在于人才的汇聚、国际合作的深化、专业能力的提升和激励机制的完善。构建多学科、多国籍的协作体系，确保教材的科学性、国际适应性和文化传播价值，使汉语国际教育教材在全球范围内发挥更大的影响力。

第二节　课程目标定位与内容设计

一、课程目标的文化维度设定

在汉语国际教育体系中，中华优秀传统文化的融入不仅是语言教学的补充，更是塑造学习者文化素养、跨文化交流能力和全球视野的重要途径。因此，课程目标需要涵盖文化认知、鉴赏能力、交流意识和文化价值观等多个维度，使学习者在汉语学习的过程中，不仅要掌握语言技能，还要深入理解中华文化的核心内涵，增强文化自信，促进跨文化沟通与合作。

（一）培养文化认知与理解能力目标

文化认知与理解能力是汉语国际教育课程的基础目标，旨在帮助学习者建立对中华文化的基本认知，并提升其在跨文化语境下的理解能力。汉语作为一种语言载体，蕴含丰富的文化信息，因此，在课程目标设定时，需要注重文化知识的系统性、逻辑性和层次性，便于学习者在不同阶段逐步深化对中华文化的认知。

文化认知能力的培养需要综合考虑学习者的背景、母语文化影响及学习需求。对于初学者，课程目标可聚焦于建立基础文化认知，包括传统节日、社会习俗、饮食文化等，使其对中华文化形成直观印象。在中高级阶段，课程目标应逐步扩展至历史、哲学、艺术等深层文化领域，并引导学习者通过阅读、讨论、实践等多种方式加深对文化现象的理解。文化认知不仅涉及文化表层的信息获取，还需要学习者掌握文化的历史背景、社会影响及其在现代社会中的演变规律。

在跨文化交际背景下，文化理解能力尤为关键。学习者不仅需要了解中华文化本身，还需要具备比较思维，能够在不同文化体系之间建立联系，理解中华文化的多样性和演变特点。课程目标应引导学习者通过分析、对比、讨论等方式，提高其对不同文化体系的敏感度，并培养跨文化适应能力，使其能够在国际交往中准确理解和运用中华文化元素。

（二）提升文化鉴赏与审美能力目标

中华文化的传播不仅关乎知识的传递，还涉及审美观念的培养和文化品位的提升。文化鉴赏能力的培养是课程目标的重要组成部分，旨在提升学习者对中华文化的感知力，使其能够欣赏、理解并阐释中华文化的美学价值。

文化鉴赏能力的培养涉及多个层面，包括文学、艺术、建筑、传统工艺等。学习者需要在课程中接触多种文化形式，从诗词歌赋到书法绘画，从古典音乐到戏曲舞蹈，逐步构建中华文化的美学体系。课程目标应强调学习者在接触文化作品时，不仅要关注其表层信息，还要理解其内在精神，如儒家思想在书法中的体现，道家哲学在山水画中的表达等。

审美能力的培养不仅限于中华文化的内部欣赏，还涉及文化间的比较分析，使学习者能够在全球文化体系中领悟中华文化的独特性。课程目标应引导学习者探索不同文化中的美学理念，理解中华文化在艺术表达上的独特之处，并培养其欣赏和解读不同文化艺术的能力。在现代文化传播环境下，数字艺术、影视作品、设计美学等新兴文化形式也应纳入课程目标，使学习者能够在传统与现代的交汇点上理解中华文化的审美价值。

（三）促进文化传播与交流意识目标

文化传播与交流意识是汉语国际教育课程的核心目标之一，着重培养学习者在跨文化环境中运用中华文化知识，并通过多元方式进行文化表达的能力。语言学习最终目的在于交际，而文化的传播则是交际能力的深化表现，因此，课程目标需要强化学习者在全球语境下的文化传播能力。

文化传播意识的培养要求课程在内容设置上注重互动性和实践性。学习者不仅需要掌握文化知识，更要具备有效传达这些知识的能力。课程目标应引导学习者运用多种媒介和传播手段，如演讲、写作、社交媒体、数字技术等，彰显对中华文化的理解，并能够在多元文化环境中进行有效沟通。

跨文化交流能力是文化传播意识的核心要素。学习者需要在不同文化环境中灵活运用中华文化元素，既能够准确表达文化信息，又能避免文化冲突和误解。课程目标应设置跨文化沟通任务，如文化交流项目、跨文化对话、国际学术讨论等，使学习者在实践中提升文化传播能力，并增强其对中华文化在全球语境中的认知。

（四）塑造文化价值观与认同感目标

文化价值观的塑造是课程目标体系中的深层诉求，强调在汉语学习过程中，引导学习者形成对中华文化的认同感，并在全球文化交流中秉持正确的文化态度。文化认同并非对文化的被动接受，而是通过深入学习和体验，使学习者在心理层面建立对中华文化的归属感和情感共鸣。

文化价值观的塑造涉及中华文化核心价值观的传递，包括和谐、仁爱、诚信、明礼等传统观念，以及新时代中华文化在社会发展、科技创新、生态文明等方面的价值理念。课程目标应鼓励学习者通过讨论、案例分析、社会实践等方式，深入思考中华文化价值观在当代社会中的适用性，并培养其在跨文化交往中的文化自信。

中华文化认同感的培养不仅依赖于知识的积累，还需要结合体验式学习，使学习者在实际生活中感受中华文化的影响力。课程目标应设置文化实践任务，如文化调研、社区文化活动、跨文化交流项目等，使学习者能够在真实语境中运用中华文化知识，并通过亲身体验增强文化归属感。

在国际文化交流的背景下，课程目标还需引导学习者树立全球文化观，理解中华文化在世界文明体系中的地位和作用。学习者应认识到文化的多样性和互鉴性，并在尊重不同文化的基础上，增强自身的文化自觉和文化责任感，推动中华文化在国际传播中发挥更大的影响力。

综上，汉语国际教育课程目标的文化维度设定涵盖文化认知、审美能力、传播意识和价值观塑造四个方面。通过科学合理地规划目标课程，不仅能够提升学习者的语言能力，还能促进中华文化的全球传播，使学习者在跨文化环境中形成更深层次的文化理解和文化认同。

二、不同学习阶段的中华文化课程内容设计

汉语国际教育的目标不仅在于提升学习者的语言能力，还需通过科学合理的课程设计，实现中华文化传播与语言学习紧密融合。学习者在不同阶段的语言能力、认知水平和文化需求各不相同，因此，课程内容需根据学习者的成长路径进行系统化设计，使中华文化的教学既符合语言习得规律，又能够满足学习者的文化探索需求。课程内容的设置应体现从文化认知到深度理解、从基本应用到批判性思考的层层递进关系，并适应特殊目的汉语学习者的需求，以构建完整的中华文化课程体系。

（一）初级阶段：文化认知与基本表达

初级阶段的学习者通常处于汉语语言输入和基础交际能力构建的起步阶段，因此，中华文化课程内容应围绕文化认知与基本表达展开，以增强学习者对中华

文化的直观感受，并为后续文化学习奠定基础。在这一阶段，文化教学需注重趣味性、直观性和可理解性，使学习者能够在语言学习的同时，逐步积累文化知识，并形成对中华文化的初步印象。

课程内容应涵盖中华文化的基本元素，包括传统节日、社会习俗、日常生活、饮食文化、服饰文化等，使学习者在学习基本词汇、句型和语法结构的过程中，能够同步理解相关的文化背景。同时，课程应结合图像、音频、视频等多媒体资源，提高学习者的文化沉浸感，使文化内容的传递更加直观。此外，初级阶段的文化教学应结合简单的口语表达练习，使学习者在真实语言环境中应用所学的文化知识，如在问候、餐饮、购物等情境中理解和运用相关的文化表达方式。

在教学策略上，可通过角色扮演、情景模拟等方式，提高学习者的文化体验感，使其能够在实践中巩固文化认知。此外，应鼓励学习者在课堂内外开展简单的文化观察任务，如记录日常生活中发现的文化现象，并与母语文化进行对比，以增强其文化意识和理解能力。这一阶段的文化教学应以基础知识的输入为主，确保学习者在建立语言能力的同时，形成对中华文化的初步认同。

（二）中级阶段：文化深入理解与应用

进入中级阶段后，学习者的语言能力显著提升，能够理解较为复杂的语言结构，并具备一定的文化理解能力。因此，课程内容应进一步深化文化教学，使学习者能够超越表层的文化认知，深入理解中华文化的核心理念，并在跨文化交流中精准运用文化知识。课程内容的选择需注重中华文化的体系性，助力学习者构建更完整的文化认知框架。

在这一阶段，课程应引入更深层次的文化内容，如中华哲学思想（儒、道、佛）、历史事件、经典文学、艺术形式等，使学习者能够在语言学习的过程中，理解文化背后的价值观和历史背景。此外，课程可适当融入中国古今社会制度、民间信仰、道德观念等内容，使学习者能够从社会文化角度理解汉语的表达特点，并明晰文化对语言运用的影响。

文化的应用能力培养是这一阶段的核心目标。课程应鼓励学习者在跨文化交际中灵活运用中华文化知识。例如，在讨论文化差异、表达个人文化观点、解释文化现象等方面，能够准确使用汉语进行交流。同时，课程应引导学习者分析文化现象，理解中华文化的多样性和动态性，避免僵化的文化认知。在教学策略上，可采用案例分析、小组讨论、文化调研等方法，使学习者能够在实际情境中深化文化理解，并培养独立思考能力。

（三）高级阶段：文化批判性思考与研究

高级阶段的学习者已具备较强的汉语语言能力和文化理解能力，因此，文化教学的重点应从知识输入转向批判性思考与研究，促使学习者能够基于中华文化背景独立思考，并运用所学知识进行文化研究与表达。在这一阶段，文化教学需结合学术研究方法，使学习者掌握文化分析和跨文化比较技能，并能够在更高层次上理解中华文化的全球意义。

课程内容应涵盖中华文化的深层次问题，如中华文化的全球传播、现代社会中的传统文化复兴、文化冲突与融合等，使学习者能够从宏观角度理解文化的演变过程。同时，课程应引导学习者思考中华文化在全球化背景下的适应性。例如，如何在跨文化交流中保持文化自信，如何诠释和推广中华文化，以及如何解决文化传播中的误解和偏差。

在教学策略上，可采用文化专题研究、论文写作、文化演讲、跨文化对话等方式，使学习者能够深入探讨文化议题，并培养其独立研究和表达能力。此外，课程可鼓励学习者进行田野调查、跨文化访谈、文化案例分析等实践性活动，使其能够结合实际情况分析文化现象，并提出具有个人见解的文化观点。通过批判性思维训练，学习者不仅能够掌握中华文化的深层内涵，还能够提升其在国际文化交流中的表达能力和研究水平。

（四）特殊目的汉语课程中的文化教学

特殊目的汉语课程是针对特定人群、职业需求或学术方向设计的课程，因此，其文化教学内容需要根据学习者的需求进行定制化设计。不同类型的特殊目的汉语课程在文化教学上的侧重点有所不同，如商务汉语课程需要关注商业文化、法律汉语，课程需强调法律体系与伦理文化，医学汉语课程则需涵盖中医文化等内容。

在文化教学内容的选择上，需结合目标学习者的专业领域，使文化教学能够直接服务于其职业需求和学术研究。例如，在外交汉语课程中，文化教学应涉及中国的政治文化、外交礼仪、国际关系史等，助力学习者在国际事务中准确理解和运用文化知识；在旅游汉语课程中，文化教学应涵盖中国各地的风土人情、历史遗产、民间艺术等，方便学习者在旅游行业中更好地推广中华文化。

特殊目的汉语课程的文化教学应强调实践性和应用性，通过案例分析、情景模拟、行业交流等方式，使学习者能够在真实工作环境中运用文化知识。此外，课程应注重跨文化适应能力的培养，使学习者能够在不同文化背景下进行有效沟通，推动中华文化的传播。

综上所述，不同学习阶段的中华文化课程内容设计应遵循从文化认知到深入理解、从应用能力培养到批判性思考的逻辑层次，并针对特殊目的汉语课程进行定制化调整，以确保中华文化教学的系统性、针对性和有效性。通过科学合理的课程规划，学习者能够在语言学习的过程中，逐步建立完整的文化认知体系，并具备在国际环境中传播和运用中华文化的能力。

三、文化课程的核心教学内容选择

在汉语国际教育课程体系中，文化教学内容的选择直接影响中华文化的传播效果和学习者的文化认知水平。核心教学内容的设定需遵循科学性、系统性、适应性和时代性的原则，确保中华文化的核心价值体系、传统文学艺术、民俗社会文化以及当代文化热点能够有效融入课程，使学习者在语言学习的过程中，逐步建立全面、深入且具有现实意义的文化认知体系。合理的文化内容设计不仅能够增强学习者的文化理解能力，还能提高其在跨文化交流中的文化适应力和表达能力。

（一）中华文化核心价值体系的融入

中华文化核心价值体系是汉语国际教育课程体系的重要组成部分，它不仅承载着中华民族的思想观念和道德规范，还影响着汉语的表达方式和文化逻辑。

在国际化教学环境下，如何科学、系统地将这一价值体系融入汉语国际教育课程，使其既能保持文化本真，又能被不同文化背景的学习者有效理解，是教材编写和课程设计的重要课题。

1. 价值体系的构建逻辑与文化框架

中华文化核心价值体系的构建基于儒、道、佛三大思想流派，并在长期的历史演进中吸收了不同阶段的文化精髓，形成了以和谐共生、人文关怀、道德自律为核心的文化框架。儒家思想强调"仁义礼智信"与"修齐治平"，道家思想推崇"无为而治"与"天人合一"，佛教思想则倡导"因果轮回"与"众生平等"。这些价值观不仅塑造了中华文化的基本伦理规范，还影响了语言的表达方式、交际风格以及文化传播策略。

在课程体系的构建过程中，需要以价值体系的层次结构为基础，将其分解为基础层、实践层和全球层三个维度。基础层涵盖传统伦理价值，包括家庭观念、社会责任感、诚信文化等；实践层涉及价值观在社会关系、经济活动、法律制度等方面的具体体现；全球层则关注中华文化核心价值观在国际社会中的适应性与传播方式，使学习者能够在全球语境下理解和运用这些价值观。

2. 语言教学中的价值体系传递方式

核心价值体系不仅体现在文化教学中，还深刻融入汉语语言表达中。在语言教学过程中，价值观的传递方式需从语义、语用、语境三个方面展开，以确保学习者在掌握汉语的同时，能够深刻理解其背后的文化逻辑。

在语义层面，汉语词汇与句式的选择直接反映了中华文化的价值取向。例如，汉语中大量含蓄表达、敬辞谦辞、比喻性成语等均体现了儒家文化的礼仪思想与道德观念。课程设计需结合这些语言特点，使学习者在使用汉语时，能够准确理解并应用其中蕴含的价值观念。

在语用层面，汉语的表达方式强调人际关系的和谐与社会交往中的身份意识。例如，礼貌表达、委婉语、言外之意等语言现象映射了"和为贵""尊老爱幼""中庸之道"等核心价值观。课程需通过语境化的语言实践，使学习者能够在不同交际场合准确使用符合中华文化价值观的表达方式。

在语境层面，价值体系的融入需结合真实的文化情境，使学习者在实际应用中体会核心价值观的影响。例如，中华文化中的家庭观念体现在称谓、问候语、亲属关系表达等多个方面，而社会责任感则体现在公共道德、职业伦理、法律法规等方面。课程需通过文化案例、情景模拟、跨文化讨论等形式，使学习者能够在实际交际过程中理解和践行这些价值观。

3. 跨文化适应与全球传播策略

在汉语国际教育课程中，核心价值体系的融入需要兼顾跨文化适应性，使中华文化的价值观既能保持独特性，又能在不同文化背景下实现有效传播。跨文化适应的关键在于建立文化共通性与文化差异性的平衡，使学习者能够在理解中华文化核心价值观的同时，将其与自身文化体系进行对比，从而增强其文化认同感和跨文化交流能力。

全球传播策略需要结合现代传播手段，运用新媒体、数字化教材、多模态教学资源等，让核心价值体系的传播更加生动、直观、易于接受。此外，还需在国际汉语教学实践中，通过课程互动、文化体验、案例分析等方式，使学习者能够在具体情境中深度理解并内化这些价值观，从而实现中华文化核心价值体系的有效传播。

（二）传统文学、艺术与历史知识的应用

传统文学、艺术与历史知识构成了中华文化的基本形态，是汉语国际教育中不可或缺的重要内容。在课程体系中，这些文化要素不仅是知识的载体，更是文化传播的媒介，需要在教学过程中实现有效转化，使其成为学习者理解中华文化的重要渠道。

1. 文学在汉语教学中的作用与方法

传统文学作为中华文化的语言艺术表达形式，不仅承载着丰富的历史记忆和文化价值观，还塑造了汉语的表达方式和思维模式。在汉语国际教育课程中，文学教学应以语言与文化并重的方式展开，使学习者在掌握语言技能的同时，深入领会文学背后的文化内涵。

文学教学的实施方式需从语言习得规律出发，结合学习者的语言水平进行分层设计。初级阶段可通过简短的文学作品培养学习者的语感和文化认知，中级

阶段需逐步引入具有文化代表性的文学作品，使学习者在语言学习过程中体会文学作品中的思想内涵，高级阶段则应引导学习者进行文学分析和文化比较，使其能够在跨文化语境下理解和阐释中华文化的文学特征。

在教学策略上，可结合文本分析、情境演绎、跨文化比较等方式，使文学教学更加生动和具有互动性。此外，结合多媒体资源，如数字化阅读、影视改编作品等，也可提高学习者对传统文学的理解与兴趣。

2. 传统艺术在语言与文化教学中的结合

中华传统艺术包括书法、绘画、戏曲、音乐等多个领域，这些艺术形式不仅具有独特的审美价值，还深刻影响了汉语的表达方式和文化逻辑。在汉语国际教育课程中，艺术教学的目标在于使学习者通过艺术作品的欣赏与实践，增强对中华文化的感知力和理解力。

艺术教学的实施需结合语言教学的需求，助力学习者从艺术作品的语言表达、艺术风格、文化背景等方面，理解中华文化的思想特征。例如，书法不仅是汉字的书写艺术，还体现了中华文化的审美观念和哲学思想，绘画则通过视觉符号表达了不同历史时期的文化变迁。课程可通过艺术作品解析、实践操作、文化体验等方式，使学习者能够在亲身实践中深入理解传统艺术的文化价值。

3. 历史知识的课程转化与应用

历史是理解中华文化的重要维度，许多汉语表达方式、成语典故、价值观念都与历史背景密切相关。在汉语国际教育课程中，历史教学的目标在于使学习者能够从历史发展的角度理解中华文化，并把握历史对语言和社会文化的影响。

历史教学应避免单纯按时间线展开枯燥讲解，而应注重事件、人物、文化现象的关联分析，使学习者能够在历史故事中理解文化价值观的形成过程。课程可结合历史地图、文献阅读、跨文化比较等，使历史教学更加生动、直观，并引导学习者从全球视角认识中华文化的历史发展轨迹。

通过文学、艺术和历史的有机结合，汉语国际教育的文化课程不仅能够丰富教学内容，还能够增强学习者的文化认同感，使其在全球文化交流中更加自信地运用中华文化知识。

（三）民俗文化与社会文化的讲解模式

民俗文化与社会文化是中华优秀传统文化的重要组成部分，它们不仅塑造了社会群体的行为方式和思维模式，还在语言表达、社会交往、礼仪规范等方面具有深远影响。在汉语国际教育的文化课程体系中，民俗文化与社会文化的讲解模式需要建立在跨文化理解、实践体验与动态传播的基础上，以确保学习者能够在多维度语境中理解和运用这些文化知识。

1. 民俗文化的教学体系与实践模式

民俗文化涵盖节庆习俗、传统手工艺、地方饮食、宗教信仰、方言俚语等多个方面，这些文化现象不仅反映了中华文化的地域多样性，还深刻影响着人们的社会行为和价值观。在汉语国际教育课程中，民俗文化的教学需要结合学习者的语言水平和文化背景，建立多层次的教学体系，以提升其文化理解和实践能力。

在教学内容的选择上，需关注民俗文化的地域性、多样性和时代性，使学习者能够从整体上理解中华文化的丰富性。同时，在课程设计过程中，应结合多种教学方式，使学习者能够通过互动式学习、场景模拟、文化体验等途径深化对民俗文化的感知。例如，在教授节庆文化时，采用情境教学营造节日氛围，并结合语言训练让学习者掌握相关的文化表达。在教授传统手工艺和地方饮食文化时，可以借助短视频、互动体验等方式，使学习者在动手实践的过程中理解文化内涵。

民俗文化的教学还需注重跨文化比较，引导学习者将中华文化与自身文化进行对比分析，增强其对文化多样性的认知。这不仅能够帮助学习者更深刻地理解中华文化，还能够提升其在跨文化交流中的适应能力。

2. 社会文化的动态性与教学策略

社会文化涵盖社会结构、家庭关系、职业伦理、城市发展、科技创新等多个方面，它不仅反映了中华文化的社会形态和价值观念，也深刻影响了语言的表达方式和交际模式。在汉语国际教育课程中，社会文化的教学需采用动态化、实证化的方式，使学习者能够在真实语境中理解和应用文化知识。

在课程内容的设置上，需要关注社会文化的时代性，使学习者能够理解中华文化在不同时期的变迁及其对社会行为模式的影响。例如，在讲解家庭文化时，课程需结合历史背景，分析家庭结构的演变过程，并通过真实案例探讨家庭关系对社会文化的影响。讲解职业伦理时，可以结合现代职场文化的发展趋势，使学习者了解中华文化在现代社会中的适应策略与创新路径。

社会文化的教学模式需注重互动性，学习者能够在情境体验中加深对文化现象的理解。例如，通过案例分析、角色扮演、跨文化讨论等方式，使学习者在实践中理解社会文化的逻辑，并能够在实际交流中正确运用。此外，教学中还需结合社会调查、数据分析等方法，引导学习者通过实证研究掌握社会文化的演变规律，培养批判性思维。

社会文化的教学还应关注全球化背景下的文化互动，使学习者能够理解中华文化在国际社会中的适应性与影响力。例如，通过分析跨文化交际中的文化冲突与融合，使学习者能够掌握在全球化背景下传播中华文化及形成适应性策略的方法。

（四）文化热点问题与当代中国的结合

文化热点问题是透视当代中国社会发展的关键窗口，它们不仅反映了中华文化在全球化背景下的适应性与创新性，还影响着社会观念变迁与国际文化交流模式。在汉语国际教育的文化课程体系中，文化热点问题的讲解需要结合社会现实、全球趋势和跨文化传播策略，使学习者能够在动态的文化环境中理解当代中国的发展逻辑，并提升其在跨文化交际中的文化适应能力。

1. 文化热点的教学价值与应用方式

文化热点问题涵盖科技创新、生态文明、城市发展、文化复兴、全球化进程等多个方面，这些议题不仅影响着当代中国社会的发展趋势，也在语言表达、社会互动和文化传播等方面具有深远影响。在汉语国际教育课程中，文化热点的教学需要建立在社会现实的基础上，使学习者能够通过分析社会现象理解文化变迁的内在逻辑。

在课程内容的选择上，应兼顾文化热点的多样性和前沿性，使学习者能够了解当代中国社会的重要议题，并掌握与之相关的语言表达和交际模式。例如，在探讨科技创新时，课程可以结合人工智能、大数据等新兴技术的发展趋势，让学习者明白科技进步对社会文化演变的作用。在探讨生态文明时，可以结合中国的可持续发展战略，使学习者理解生态文化如何成为当代社会的重要价值观。

文化热点的教学需结合多媒体资源，使学习者能够通过新闻报道、纪录片、学术文章等多种形式获取最新的社会信息，并通过案例分析的方式深入理解文化热点的背景和发展趋势。此外，课程还应鼓励学习者进行自主研究，使其能够通过收集数据、实地考察、访谈调查等方式深入探索文化热点问题，并培养其独立思考能力。

2. 文化热点与跨文化传播的互动模式

文化热点问题不仅影响中国社会的发展趋势，也在国际文化交流中扮演着重要角色。在汉语国际教育课程中，文化热点的教学需要结合跨文化传播的角度，使学习者能够理解中华文化在全球语境下的适应性与影响力，并提升其在国际交流中的文化传播能力。

在教学内容的设置上，需要关注文化热点的国际化特征，使学习者能够理解不同文化背景下对同一社会问题的认知差异。例如，在探讨文化复兴时，可以分析中华文化在国际传播中的影响力，使学习者理解传统文化在现代社会中的传承与创新。在探讨城市发展时，可以结合全球城市化进程，使学习者理解中国城市文化在全球化背景下形成的独特表达。

文化热点的教学模式需结合跨文化比较，使学习者能够在不同文化体系中理解同一问题的多维度特征，并通过跨文化对话形成更加开放的文化视角。例如，通过跨文化讨论、模拟国际会议、跨文化案例分析等，使学习者能够在全球化环境中理解文化热点问题的互动关系，并培养其跨文化表达能力。

文化热点的教学还应结合语言训练，使学习者能够在实际交际中精准运用相关语言表达方式，并掌握不同文化背景下的交际策略。例如，通过语言情景模拟、开展跨文化演讲、政策解读等方式，使学习者能够在不同文化环境中运用所学的语言和文化知识进行有效沟通，并在国际文化交流中增强中华文化的传播力。

通过深入探讨文化热点问题，汉语国际教育课程不仅能够提高学习者对当代中国社会的理解力，还能够培养其全球视野和跨文化交际能力，使其能够在国际文化交流中更好地理解、适应和传播中华文化。

四、课程内容的弹性与个性化设计

在全球化与信息化不断深入的当下，汉语国际教育的目标已不仅限于语言能力的培养，还需要在文化传播、跨文化交际、个性化学习等方面进行全面拓展。中华优秀传统文化的传播，需要与学习者的兴趣、需求和文化背景相结合，以增强学习者的自主学习能力和文化认同感。因此，课程内容的弹性与个性化设计成为构建高效汉语国际教育课程体系的关键环节。通过提供选修文化课程模块、定制学习路径、分层设定学习目标、拓展学习资源以及针对不同学习风格的教学策略，能够更有效地推动中华文化的国际传播，并提升学习者的学习体验。

（一）提供选修文化课程模块

在汉语国际教育课程体系中，选修课程的设置能够为学习者提供更具针对性的文化学习途径，便于他们根据自身兴趣和需求进行自主选择。这种课程模式不仅提高了课程的灵活性，还增强了学习者对中华文化的认同感和理解力。选修文化课程的设计需结合不同文化主题、社会背景及语言能力，使学习者能够在多元文化环境中探索中华文化的丰富内涵。

选修课程应涵盖多个文化领域，包括传统哲学、民俗文化、艺术鉴赏、文学经典、社会发展等，使学习者能够在不同层面上深入理解中华文化。同时，课程内容应考虑学习者的地域背景，使不同国家和地区的学习者都能选到符合自身文化兴趣和职业发展需求的课程。此外，选修课程还应结合实践活动，使学习者能够通过沉浸式体验加深对文化知识的掌握，提高其实际应用能力。

选修文化课程的教学方式需突破传统课堂的限制，采用线上线下混合教学模式，使学习者能够自主安排学习进度，并结合自身兴趣进行深入探索。同时，课程内容应具备灵活性，使其能够随着社会热点、文化发展趋势和学习者需求的变化及时调整，从而保持文化课程的前沿性和时代感。

（二）根据学生兴趣定制学习路径

在汉语国际教育的文化教学中，学习者的兴趣是决定学习效果的重要因素。定制化学习路径，可以满足不同类型学习者的需求，使其能够在个性化学习过程中深入理解中华文化的内涵。学习路径的定制不仅需要考虑学习者的文化背景、学习目标，还需结合其职业规划、学术需求和跨文化交际能力，使文化课程能够发挥最大效能。

学习路径的定制需基于学习者的语言水平和文化认知阶段，采用动态调整的方式，使其在不同阶段都能接触到适配的文化内容。例如，对于初学者，学习路径应侧重于文化认知的建立，使其通过基础文化知识的学习兴趣；对于中高级学习者，学习路径应更加侧重文化的深入理解和实际应用，以便在专业领域或跨文化交流中运用中华文化知识。

定制化学习路径的实现需依托智能化教学系统和个性化学习平台，使学习者能够根据自身需求调整学习内容，并通过智能推荐获取最符合个人兴趣的文化资源。此外，学习路径的设计应鼓励学习者自主探索，如通过文化项目研究、跨文化对话、实践调研等，使其能够在真实情境中深化对中华文化的理解，并形成个性化的文化认知体系。

（三）设置分层学习目标与任务

在文化课程的设计过程中，分层学习目标的设定能够确保不同语言水平和文化背景的学习者都能够找到适合自身的学习内容。分层学习不仅有助于提升学习者的文化接受度，还能够使文化教学更加系统化和科学化。通过合理的目标分层，可以确保文化内容的难度与学习者的认知能力相匹配，从而提高学习的有效性。

分层学习目标的设定需要基于语言水平划分，使文化教学能够与汉语能力培养相结合。在初级阶段，文化目标应以基础认知为主，使学习者能够了解中华文化的基本特点，并掌握基本的文化表达方式；在中级阶段，学习目标应侧重于文化的深入理解，使学习者能够分析文化现象，并在跨文化交流中运用中华文化知识；在高级阶段，学习目标则应更强调文化批判性思考，使学习者能够在学术研究、国际交流等领域精准运用中华文化知识，并形成独立的文化见解。

分层学习任务需结合不同教学环节，如文化阅读、跨文化讨论、案例分析、实践活动等，使学习者能够在多种学习情境中锻炼文化理解能力。同时，分层任务的实施需结合多种评估手段，如形成性评价、任务驱动评价、能力测评等，使学习者能够在动态评估中不断调整学习策略，提高学习效率。

（四）预留拓展学习空间与资源推荐

文化学习不仅局限于课堂教学，还需要依托多元学习资源，使学习者能够在课外自主拓展文化知识。通过构建开放式文化学习平台，提供多样化的学习资源，能够有效提升学习者的文化素养，并增强中华文化的国际传播效果。

拓展学习空间的构建需要依托数字化技术，利用在线学习平台、虚拟博物馆、文化数据库等资源，使学习者能够随时随地开展文化学习。同时，资源推荐应结合学习者的兴趣与需求，提供精准化、个性化的文化学习材料，如电子书、学术论文、纪录片、文化课程等，使学习者能够在自主学习过程中形成系统的文化认知。

拓展学习的实施方式应注重互动性，学习者能够通过参与文化项目、在线研讨、跨文化交流等活动深化对中华文化的理解。此外，学习者还可以通过与母语使用者交流、参与文化实践活动等，将课堂所学知识运用到实际情境中，从而增强文化学习的实践性和适应性。

（五）满足不同学习风格学生需求

学习者的个体差异决定了其对文化课程的接受方式和学习风格各异，因此，文化课程的设计需要充分考虑不同学习风格的特点，以提高课程的适应性和学习效果。通过多元化的教学策略，确保不同类型的学习者都能够在最适合的学习模式下高效掌握中华文化知识。

在教学设计过程中，应结合视觉型、听觉型、动觉型等不同学习风格，提供多样化的教学资源和学习方式。例如，视觉型学习者可以通过图像、视频、图表等方式进行文化学习，听觉型学习者可以通过音频、讲座、文化访谈等方式理解文化内容，动觉型学习者则可以通过实践活动、角色扮演、实地考察等方式提升文化认知能力。

针对不同学习风格，教学模式应保持灵活性，使学习者能够根据个人特点选择最适合的学习方式。同时，课程应提供多样化的学习任务，如文化阅读、案例分析、实践体验、跨文化交流等，助力学习者在多维度的学习过程中构建完整的文化认知体系。

通过课程内容的弹性与个性化设计，汉语国际教育能够更有效地适应全球化背景下学习者的多样化需求，增强中华文化的国际传播力，使中华文化教学更具针对性、科学性和创新性。

第三节　教学方法选择与评价体系构建

一、多样化教学方法运用

在汉语国际教育体系中，中华文化的教学不仅是知识的传递，更是文化体验与实践的过程。有效的教学方法能够提升学习者的文化理解力，使其在真实语境中感知、理解并运用中华文化。因此，课程设计需突破传统讲授模式，采用情境教学、项目式学习、合作学习、体验式教学和案例教学等多种方法，使学习者在多元文化互动中培养跨文化理解能力，并提升文化表达与传播能力。

（一）情境教学法创设文化情境

情境教学法以构建真实或模拟的文化环境为核心，使学习者能够在沉浸式体验中理解和应用文化知识。中华文化的学习不仅依赖于理论讲解，还需要借助语言与文化交融的真实语境，以提高学习者的感知能力、适应能力和表达能力。通过情境教学，学习者能够在具体场景中探索文化现象，并在互动交流中掌握文化表达方式。

文化情境的创设需结合不同的教学目标，使学习者在特定的社会交往、传统礼仪、文化活动等情境中实践。例如，学习者在体验传统节庆、家庭礼仪、社交习惯等文化内容时，需通过场景模拟、角色扮演等方式深度参与，理解文化背后的价值观念。教学内容应涵盖中华文化的多元性，便于学习者在多种文化情境中观察、比较和表达。

（二）项目式学习开展文化主题项目

项目式学习是一种基于任务驱动的教学方法，通过设定具体的文化任务，学习者在解决问题的过程中深入理解中华文化。这种方法强调学习者的自主探究能力，使其能够在信息搜集、资料分析、问题解决等过程中建构文化知识体系，并培养批判性思维能力。

文化主题项目的设计需结合中华文化的代表性内容，使学习者能够围绕特定文化主题展开深度学习。例如，在探索书法艺术时，学习者可通过调研、创作、展示等环节，理解书法的历史背景、审美风格和社会功能。同时，项目学习应强调跨文化比较，使学习者能够在对比中理解中华文化的独特性，并树立全球化视野。

项目式学习的实施需注重团队协作，使学习者能够在小组合作中交流文化见解，并借助多元渠道进行文化表达。例如，学习者可通过多媒体展示、短视频创作、文化演讲等方式传播所学文化内容，增强文化传播能力。此外，项目学习成果应纳入课程评估体系，使学习者能够在任务完成后进行反思，提高文化学习的效果。

（三）合作学习促进文化交流与讨论

合作学习强调群体互动与知识共享，通过团队合作促进学习者的文化理解与应用能力。中华文化的传播不是单向的信息传递，而是多向交流与共同建构的过程，因此，教学需鼓励学习者在合作中深化对文化的认知，并提升跨文化交流能力。

在课堂教学中，合作学习可通过讨论、辩论、案例分析等方式开展，使学习者能够在观点交流中接触不同文化视角，并提升批判性思维能力。例如，在探讨儒家伦理时，学习者可通过分组讨论分析其对社会关系、道德体系的影响，并结合现代社会实际进行文化适应性讨论。此外，在跨文化合作学习中，教师可组织国际学习者共同参与文化任务，使其能够在多元文化环境中明晰中华文化的全球传播路径。

合作学习的有效性取决于任务的合理分配与互动机制的构建。教学过程中，应为学习者提供不同的角色定位，使其能够在多维度的文化交流中运用语言和文化知识。同时，合作学习应融合线上线下资源，使学习者能够借助数字平台进行远程交流，并通过社交媒体、论坛等渠道进行文化分享与传播。

（四）体验式教学组织文化实地体验

体验式教学强调学习者的直接参与，使其通过文化实践活动深入理解中华文化的核心内涵。这种教学方法突破了传统课堂教学的局限，使学习者能够在真实环境中感知文化，提升学习兴趣和文化适应能力。

文化实地体验活动可涵盖多种形式，如参观博物馆、文化遗址、非遗工坊等，使学习者能够在实践中理解文化现象，并与文化传承者进行交流。此外，文化体验教学还可结合动手实践，使学习者能够亲身参与中华文化活动，如书法练习、茶艺表演、戏曲体验等，使其在操作中领悟文化技艺的独特性，并掌握相关的语言表达方式。

体验式教学的有效性依赖于科学的教学设计，活动前需提供必要的文化背景知识，使学习者能够在实践过程中观察与思考；活动后需组织反思交流，使学习者能够总结体验收获，并在讨论交流中深化文化理解。此外，体验式教学还需结合数字技术，使无法实地参与的学习者能够通过线上直播、虚拟现实体验等方式进行远程参与，从而提升文化教学的可及性与普及度。

（五）案例教学法分析文化传播案例

案例教学法通过分析真实的文化传播案例，帮助学习者把握文化交流动态，并掌握跨文化传播的策略与技巧。这种方法能够将理论与实际相结合，使学习者在具体案例分析中探索中华文化的国际传播路径，并培养跨文化适应能力。

文化传播案例的选择需具有代表性，使学习者能够在分析过程中理解中华文化在不同社会环境中的传播模式。例如，可选取中华文化在不同国家的传播案例，分析其成功经验与面临的挑战，使学习者能够掌握文化适应与传播策略。此外，案例教学可结合多元数据，引导学习者通过社会调查、文本分析、媒体研究等方法，探究文化传播的影响因素，并形成数据驱动的文化认知体系。

案例教学的实施需融入互动讨论环节，使学习者能够在观点交流中形成多维度的文化认知。此外，学习者可通过角色扮演、模拟文化传播等方式，将所学内容应用于实践，提高文化传播能力。同时，案例教学应结合动态评估机制，使学习者能够在案例研究过程中不断调整学习策略，并提升其分析能力与文化敏感度。

多样化教学方法的运用能够使中华文化的教学更加立体、多元、互动，提升学习者的文化理解力、表达力和传播能力。通过情境教学、项目式学习、合作学习、体验式教学和案例教学等方法，使中华文化的学习更加贴近实际应用，并提升汉语国际教育的整体教学成效。

二、提高中华文化教学效果的策略

在汉语国际教育中，中华优秀传统文化的教学不仅要传授知识，还需构建深度体验、跨文化理解和有效实践的体系，以提升学习者对文化的认知、接受与应用能力。为此，需要优化教学环境、增强课堂互动、融合跨学科教学方法，并设置合理的课堂讨论与文化反思环节，引导学习者在多层次、多维度的文化学习过程中提升理解与表达能力。这些策略不仅有助于提升中华文化的教学效果，也能增强其在国际化语境中的传播力和影响力。

（一）构建情境化文化教学环境

文化的学习需要在真实或模拟的环境中开展，以增强学习者的沉浸感和实践体验。情境化教学环境的构建，能够帮助学习者将抽象的文化知识转化为具体的交际技能，并增进对文化现象的直观理解。现代汉语国际教育需要摆脱传统静态教学模式，依托多媒体技术、虚拟现实、增强现实等技术，构建文化情境，使学习者能够身临其境地体验中华文化。

文化教学情境的构建应包括语言交际场景、社会互动场景和文化实践场景，使学习者能够在不同层次的文化环境中获得多维度的体验。语言交际场景可围绕特定文化内容进行设置，如传统礼仪、商业文化、家庭结构等，使学习者能够在文化背景下练习语言表达。社会互动场景可采用任务型学习方式，使学习者在完成具体文化任务的过程中掌握文化知识并提高交际能力。文化实践场景则强调亲身参与，如虚拟游览历史遗迹、观看传统戏曲演出、体验非物质文化遗产等，使学习者能够在真实文化环境中进行体验式学习。

构建情境化教学环境的同时，还需确保学习者在文化体验过程中能够进行互动式探索，而非被动接受文化信息。情境化学习应结合自主探究式学习方法，使学习者能够在不同文化语境中发现问题、分析文化现象，并形成对中华文化的深度认知。

（二）促进课堂互动，提高文化体验感

课堂互动是提升文化教学效果的重要途径，它能够激发学习者的兴趣，并促使其主动参与文化学习。有效的课堂互动需要结合问题驱动、任务导向和协作学习等方式，使学习者在交流过程中深化对中华文化的理解，并提高语言与文化的综合运用能力。

课堂互动设计需要结合学习者的认知水平和文化背景，使其能够在不同层次的文化讨论中提升思维能力。互动模式可采用小组讨论、辩论、文化角色扮演、案例分析等方式，使学习者在交流中理解文化差异，并掌握中华文化的表达方式。同时，课堂互动应充分利用数字化资源，如在线问答系统、虚拟文化场景、数字化模拟交际平台等，使学习者能够在多样化的互动模式中提高文化学习的体验感。

课堂互动的有效性还需结合即时反馈机制，使教师能够根据学习者的表现调整教学策略，提高课堂教学的适应性。此外，互动活动应注重文化交际技能的培养，使学习者在多元文化环境中掌握文化调适与跨文化表达能力，从而增强其在国际交往中的文化适应力。

（三）结合跨学科教学增强文化理解

中华文化的学习不仅涉及语言学和文化学，还与历史学、社会学、哲学、艺术学、传播学等多个学科密切相关。跨学科教学方法的引入，能够使学习者在多维度的知识体系中建立文化认同，并提升对中华文化的综合理解能力。汉语国际教育中的文化课程需要突破单一学科的限制，结合不同学科视角，使文化教学更加系统化和深度化。

跨学科教学可以通过联合课程、主题式学习、跨学科项目研究等方式开展。在联合课程模式下，文化教学可与历史、文学、艺术、经济等课程结合，使学习者能够从多元角度理解中华文化。例如，在分析儒家思想对社会价值观的影响时，可结合社会学理论探讨其在现代社会中的实践意义。在探讨汉字文化时，可结合语言学与书法艺术，使学习者理解汉字书写与文化表现的关系。

主题式学习强调围绕特定文化主题进行跨学科探索，例如，通过分析中国传统节日的演变，理解其背后的历史背景、社会功能和现代文化适应方式。跨学科项目研究则可以结合研究型学习方法，使学习者在文化探究过程中培养批判性思维和跨文化分析能力。

跨学科教学的有效实施需要教师具备丰富的学科知识储备，并能够在教学过程中引导学习者从不同学科视角理解文化现象。此外，跨学科教学还需要借助多学科协作的教学资源，如开放课程平台、学术数据库、虚拟博物馆等，为学习者提供更广泛的文化信息，并提升其自主学习能力。

（四）优化课堂讨论与文化反思环节

课堂讨论和文化反思是深化文化理解、提升文化思辨能力的重要方式。中华文化教学不仅需要传授文化知识，还应引导学习者在思辨过程中形成对文化的独立见解，并能够在跨文化交流中灵活运用文化知识。

课堂讨论的设计需要基于真实的文化议题，使学习者能够围绕文化现象展开深度探讨，并通过交流观点形成对文化的多元理解。在讨论过程中，教师应引导学习者运用批判性思维，分析文化现象背后的社会价值观、历史背景及文化适应性，使其在多角度思考中形成对中华文化的立体认知。

文化反思环节则强调学习者对自身文化学习经历的总结与内化，使其能够在文化比较中提升跨文化适应能力。文化反思可结合个体反思、小组讨论、文化日志、案例分析等方式进行，使学习者在回顾文化学习经历的过程中发现问题，并形成个性化的文化理解。此外，文化反思还应结合跨文化比较，推动学习者关联不同文化体系，提升其全球文化视野。

优化课堂讨论与文化反思环节的同时，还需建立文化学习反馈机制，使学习者能够通过教师指导、同伴交流、自我评估等不断调整学习策略，提高文化学习的有效性。课堂讨论与反思环节的最终目标是培养学习者的文化适应能力，使其能够在全球化语境下准确理解并传播中华文化，从而提升中华文化的国际影响力。

通过构建情境化文化教学环境、促进课堂互动、结合跨学科教学方法、优化课堂讨论与文化反思环节，汉语国际教育能够更加高效地传播中华文化，并提升学习者在跨文化交流中的文化理解力、表达力与适应力。这些举措不仅能够提升文化教学质量，还能够促进中华文化在国际语境下的持续传播。

三、文化教学评价体系的构建原则

中华文化教学不仅仅是知识的传授，更是培养学习者文化理解能力、跨文化交际能力和文化认同感的重要途径。科学合理的教学评价体系能够衡量教学目标的达成情况，并为课程优化提供数据支持。在汉语国际教育背景下，文化教学评价体系需要融合多种评价方式，以确保评价的全面性、科学性和适应性。因此，评价体系的构建应遵循综合性评价方式的设计理念、过程性与终结性评价相结合、定量与定性评估并重，以及跨文化理解能力测评等原则，以提升中华文化教学的有效性和针对性。

（一）综合性评价方式的设计理念

文化教学评价不同于单纯的语言技能测评，它不仅涉及知识掌握的考查，还包括文化理解、文化体验、跨文化交际能力等多个维度。因此，评价体系的设计需采用综合性评价方式，使其能够涵盖学习者的文化认知、文化态度、文化表达等方面。

在综合性评价体系的构建过程中，应将知识评价、实践评价和反思评价有机结合。知识评价聚焦学习者对中华文化基本概念、历史背景、核心价值观等方面的掌握；实践评价则侧重于学习者在实际情境中的文化运用能力，包括对文化习俗的理解、跨文化交流中的适应能力等；反思评价则关注学习者在文化学习过程中的自我认知与文化思辨能力，如对中华文化的理解深度、批判性思考能力及文化迁移能力。

综合性评价体系的设计还需适配不同的教学阶段，使其能够适应初级、中级和高级文化教学的不同需求。初级阶段可重点考查学习者的基础文化认知和基本交际能力；中级阶段应关注文化内容的深入理解和跨文化适应能力；高级阶段则需要考查学习者的文化批判能力、文化表达能力以及文化创新能力。通过分层次、多维度的综合评价方式，能够确保文化教学的系统性和科学性。

（二）过程性评价与终结性评价的结合

文化教学的目标不仅是让学习者获得文化知识，更重要的是培养其文化理解能力、实践能力和跨文化交际能力。因此，评价体系需要将过程性评价与终结性评价结合，使学习者在整个学习过程中得到持续反馈，并能够在学习后期接受全面评估。

过程性评价侧重于文化学习的动态发展过程，强调对学习者在文化认知、文化适应、文化表达等方面的持续观察与指导。该评价方式可采用课堂观察、学习日志、教师反馈、同伴互评等，使学习者能够在文化学习的过程中不断调整和优化自身的学习策略。此外，过程性评价还可结合任务驱动型评价，使学习者在完成文化调研、跨文化交流、文化实践等任务的过程中积累经验，并通过教师指导提升文化学习成效。

终结性评价则主要用于衡量学习者在特定阶段的文化学习成果，包括文化知识掌握程度、文化表达能力、跨文化适应能力等。终结性评价方式可以涵盖文化考试、文化展示、论文写作、跨文化交流模拟等，使学习者能够通过多种方式展现其文化学习成果。此外，终结性评价需与过程性评价相结合，以确保评价结果的公平性和全面性，从而提升文化教学的有效性。

（三）定量与定性相结合

文化教学评价的核心目标是衡量学习者的文化理解和应用能力，而这一目标的实现依赖于科学的评价方式。定量评价可以为文化教学提供客观数据，而定性评价则能够揭示学习者的文化认知深度和跨文化交际能力。因此，构建科学的文化教学评价体系，需要结合定量与定性评价，使其在数据精准性和文化深度分析间达到平衡。

定量评价主要采用标准化测试、评分量表等方式，对学习者的文化知识掌握情况、语言表达能力、文化适应能力等进行数值化测量。例如，可以设计文化素养测验、跨文化交际能力测试等，量化学习者对中华文化的理解程度。同时，定量评价还可结合学习者在不同文化情境中的表现，采用评分系统衡量其文化表达能力，如文化演讲评分、文化互动评分等。

定性评价则需要结合学习者的文化思考能力、文化迁移能力、跨文化适应能力等方面，通过案例分析、访谈、课堂讨论等方式展开深入评估。定性评价的重点在于探究学习者对文化现象的看法，如何进行文化比较，如何在实际交际中运用文化知识。教师可采用文化日志、反思性论文、跨文化对话分析等方式，了解学习者在文化学习过程中的思维变化，并借助定性分析发现学习者的文化学习模式和发展方向。

定量与定性评价相结合能够确保文化教学评估的科学性与全面性，使学习者在知识、思维、实践等方面得到综合发展，并提升其文化表达能力和跨文化适应能力。

（四）跨文化理解能力测评

在汉语国际教育背景下，文化教学的核心目标之一是培养学习者的跨文化理解能力，使其能够在不同文化环境中准确理解并适应中华文化。因此，文化教学评价体系需要构建科学的跨文化理解能力测评机制，以衡量学习者的文化适应性、文化敏感度和文化交际能力。

跨文化理解能力的测评可采用情景模拟、文化适应问卷、跨文化案例分析等方式，使学习者在特定文化情境中展现其文化理解与交际能力。例如，可通过设置特定的跨文化交流场景，观察学习者如何进行文化解释、如何应对文化冲突，并评估其跨文化调适能力。此外，可采用跨文化敏感度量表，测量学习者对不同文化的认知深度、文化态度及文化适应力。

跨文化理解能力的测评还可结合真实的跨文化交流活动，使学习者在国际交流、文化访谈、文化项目合作等过程中展现其文化应用能力。教师可通过观察学习者在跨文化交流中的表现，分析其文化适应策略，并提供针对性的学习建议。此外，跨文化理解能力的评价应关注学习者的文化迁移能力，即学习者如何将中华文化知识运用于不同文化环境，并能在跨文化交际中实现有效调适。

科学的跨文化测评方法不仅能够衡量学习者的文化学习效果，还能为文化课程的优化提供数据支持，使文化教学更具针对性和实践性。此外，这种测评方法有助于增强学习者的文化意识，使其在全球化语境下更好地理解、适应并传播中华文化。

综合来看，文化教学评价体系的构建需遵循综合性评价方式、过程性与终结性结合、定量与定性并重、跨文化理解能力测评等原则，以确保文化教学的科学性、系统性和实践性。这些评价体系不仅能够提高文化教学的有效性，还能够促进中华文化的国际传播，助力学习者在全球文化环境中更好地理解、应用并推广中华文化。

四、教学评价指标体系构建

在汉语国际教育体系中，中华文化教学的评价不仅是衡量学习者文化知识掌握情况的工具，更是推动文化教学质量提升、优化教学策略的重要环节。科学合理的教学评价指标体系能够精准反映学习者的文化认知、理解与应用能力，并为教师提供切实可行的评价依据，使文化教学在全球化、多元化的语境下更具针对性和实效性。因此，在构建文化教学评价体系时，需要从文化知识掌握程度、文化理解与运用能力、跨文化交际能力、学习态度与参与度、文化创新思维能力等五个方面进行系统规划，以确保评价体系的全面性和科学性。

（一）文化知识掌握程度评价指标

文化知识的掌握程度是文化教学评价体系的基础维度，主要衡量学习者对中华文化基本概念、历史背景、核心价值观以及文化现象的认知深度。这一指标的构建需要涵盖多个层面，使评价内容既能够体现文化知识的广度，又能够考查学习者的理解深度。

在知识评价的内容设置上，应重点考查学习者对中华文化核心概念的理解，包括儒、道、佛思想体系，中华文化的伦理观念，传统节日与习俗，艺术形式与文化符号等。同时，还需关注学习者对文化历史脉络的把握，使其能从时间维度理解中华文化的演变，并掌握文化现象背后的社会背景和价值体系。

文化知识掌握的评价方式需结合客观测评与主观分析，确保评价的精准度与适应性。例如，可采用文化知识测验、文化阅读理解、历史文化分析等方式，测试学习者对文化知识的掌握情况。此外，结合自主文化探索任务，学习者能够通过文化调研、资料分析等方式展示其对文化知识的综合认知能力。

（二）文化理解与运用能力评价指标

文化教学不仅要传授知识，更要培养学习者将文化知识转化为实际表达和应用的能力。因此，文化理解与运用能力的评价指标需关注学习者对文化现象的认知深度、文化表达的准确性以及文化适应能力。

在评价内容的设定上，应考查学习者对文化现象的解释能力，包括文化符号的理解、文化习俗的社会功能分析、文化价值观的跨时代适应性等。此外，还需评估学习者在不同交际场合中的文化表达能力，使其能够在实际交流中正确运用文化知识。例如，考查学习者在跨文化对话中如何解释中华文化现象，如何在不同文化背景下调整表达策略，以及如何在国际语境中准确传达中华文化的核心思想。

文化理解与运用能力的测评方式需结合案例分析、文化场景模拟、跨文化角色扮演等，使学习者能够在实际应用中展示其文化理解水平。同时，可通过语言与文化整合测评，使学习者在语言表达过程中展现其对文化知识的掌握情况，并考查其文化语境适应能力。

（三）跨文化交际能力评价指标

跨文化交际能力是中华文化教学的核心目标之一，直接关系到学习者能否在多元文化环境中准确理解并传播中华文化。评价这一能力需重点关注学习者的文化敏感度、文化调适能力以及跨文化表达能力。

文化敏感度的测评主要考查学习者在跨文化交流中的观察力与理解能力，包括对不同文化体系的认知、对文化差异的尊重以及对文化冲突的处理策略。文化调适能力的测评则关注学习者在跨文化交际中的适应水平，使其能够在不同文化环境下灵活调整自身的表达方式，并在文化互动中保持有效沟通。此外，跨文化表达能力的测评需结合学习者在跨文化情境中的实际表现，考查其在多元文化背景下运用中华文化知识进行有效交流的能力。

在测评方式上，可采用跨文化情景模拟、文化交流任务、国际学术讨论等方式，使学习者能够在真实交际环境中展示其跨文化交际能力。同时，可结合跨文化交际案例分析，使学习者能够通过文化比较和跨文化调适策略的探讨，提升其文化适应力和文化传播力。

（四）学习态度与参与度评价指标

文化教学的有效性不仅取决于学习者的知识积累和技能发展，还与其学习态度和课堂参与度密切相关。评价学习态度的核心在于考查学习者的文化兴趣、学习动机、文化包容度以及自主学习能力，而参与度的评价则需关注学习者在文化课程中的投入度、互动频率以及文化实践活动的积极性。

学习态度的测评内容应涵盖学习者对中华文化的兴趣度、文化探索的自主性、对多元文化的包容度以及文化学习的持续性。例如，可通过问卷调查、学习日志、学习者访谈等方式，分析学习者在文化学习过程中是否保持积极态度，并探讨其对文化课程的长期投入情况。此外，还可结合个性化学习计划的制定与执行，使学习者能够根据自身兴趣设定文化学习目标，并在学习过程中进行自我评价。

参与度的测评需结合课堂表现、学习互动、文化活动参与情况等方面，使教师能够直观了解学习者在文化课程中的投入程度。可采用课堂观察、文化项目跟踪、学习者社交媒体文化表达分析等方式，评价学习者在文化学习中的互动水平，并提供针对性的学习指导。

（五）文化创新思维能力评价指标

文化教学不仅要求学习者掌握现有的文化知识，还应激发其创新思维，使其能够在文化学习过程中形成独立的文化见解，并探索新的文化传播模式。因此，文化创新思维能力的评价指标需关注学习者的文化创造力、文化整合能力以及文化传播创新能力。

文化创造力的测评应考查学习者对文化现象的独立思考能力，使其能够在文化分析中提出新见解，并探索中华文化的现代化表达方式。文化整合能力的测评需关注学习者如何将不同文化元素进行融合，形成跨文化表达模式。此外，文化传播创新能力的测评应结合新媒体技术、数字化文化传播等方式，使学习者能够在现代传播环境中创造性地推广中华文化。

文化创新思维能力的测评方式可采用创新文化项目、文化创意表达、数字文化传播方案设计等，使学习者能够在实践中展现其文化创新能力。同时，结合文化跨界合作，学习者能够与不同文化背景的群体合作，探索中华文化的国际化传播路径。

科学合理的教学评价指标体系能够全面衡量学习者的文化学习成果，并为文化课程的优化提供数据支持。通过构建文化知识掌握、文化理解与运用、跨文化交际、学习态度与参与度、文化创新思维五个维度的评价指标，能够确保文化教学的系统性、科学性和实践性，推动中华文化在全球化背景下得到更广泛、更精准的传播。

五、中华文化教学评价方法的创新

在汉语国际教育体系中，中华文化教学的评价方法不仅要衡量学习者的文化知识掌握情况，更要考查其文化理解、文化实践、跨文化适应能力及文化创新思维。传统的文化教学评价方式多以考试、论文或课堂讨论为主，但在全球化、多元文化背景下，单一的评价模式已无法全面反映学习者的文化学习成果。因此，需要从学习者自评与同伴互评、基于项目成果的文化测评、数字化技术辅助评价、文化教学反馈机制优化及长期追踪评估体系等方面进行创新，构建科学、全面的文化教学评价体系，以提升中华文化教学的精准性和适应性。

（一）文化学习自评与同伴互评体系

文化学习的成效不仅体现在知识的掌握，还体现在学习者的自我认知、文化理解和跨文化适应能力的提升。因此，在评价体系中引入学习者自评与同伴互评机制，能够增强学习者的文化反思能力，并促进其在互动交流中深化对文化现象的理解。

自评体系的构建需结合学习者的文化学习目标，使其在学习过程中进行阶段性反思，评估自身的文化理解进展、自主学习效果及跨文化交际能力。自评的内容可涵盖文化知识掌握情况、文化表达能力、文化实践参与度及文化适应策略等方面。借助结构化的自评问卷、学习日志、文化学习案例分析等方式，学习者能够系统总结自身的文化学习经历，并调整后续学习策略。

同伴互评体系的实施则有助于强化学习者之间的文化互动，使其能够通过交流与合作提升文化理解能力。互评的方式可结合文化项目合作、课堂讨论、小组任务等教学活动开展，使学习者在相互评估中发现自身的文化学习优势与不足。互评机制不仅能够提升学习者的文化表达能力，还能够通过文化观点碰撞，助其形成多元文化视角。

（二）基于项目成果的文化测评模式

文化教学目标不仅是让学习者积累文化知识，更在于培养其在真实语境中的文化运用能力。因此，传统的笔试或课堂测验难以全面衡量学习者的文化实践能力，需构建基于项目成果的文化测评模式，使评价过程更加贴近实际应用。

文化测评项目设计应结合中华文化的核心内容，使学习者能够围绕特定的文化主题进行深度研究，并通过项目成果展示其文化理解与应用能力。测评内容可涵盖文化调研、跨文化对话、文化传播方案设计等，使学习者能够在实践中运用所学文化知识，并提升其文化表达与传播能力。

在测评方式上，可结合多种形式，如文化展览、文化演讲、数字化文化作品、文化传播案例分析等，使学习者能够以创新方式呈现其文化学习成果。项目测评不仅关注学习者的知识掌握情况，还考查其文化分析能力、跨文化交流策略及文化传播创新思维，以全面衡量其文化学习成效。

（三）数字化技术辅助文化教学评价

现代信息技术的发展为文化教学评价提供了新的工具和手段，使评价过程更加高效、互动且以数据驱动。在文化教学评价体系中，引入数字化技术能够提高评估的精准性，并增强学习者的文化体验感。

数字化文化教学评价可结合人工智能（AI）、大数据分析、在线学习平台等技术，使学习者能够在个性化、自适应环境中进行文化学习评估。AI 驱动的文化学习测评系统能够根据学习者的学习轨迹、文化认知水平、跨文化交流表现等，提供精准的学习评估报告，并推荐个性化的文化学习资源。

虚拟现实与增强现实技术的应用，则能够构建沉浸式文化测评环境，使学习者能够在真实或模拟的文化情境中开展文化表达和交际实践，并通过系统反馈评估其文化适应能力。同时，数字化平台还可提供即时反馈，使学习者能够在文化学习过程中不断调整学习策略，提高文化学习的有效性。

（四）文化教学反馈机制的优化

文化教学的有效性依赖于持续的教学反馈，因此，需构建科学的文化教学反馈机制，以使教师能够及时掌握学习者的文化学习情况，并根据反馈结果调整教学策略。优化文化教学反馈机制，不仅能够提高评价的互动性，还能够增强学习者对文化课程的投入度。

教学反馈机制优化需整合多渠道反馈方式，包括教师反馈、学习者自我反馈、同伴反馈等，使学习者能够从不同层面获取文化学习指导。教师反馈可通过课堂讨论、作业评估、文化项目测评等方式给出针对性建议，帮助学习者理解自身的文化学习优势与不足。学习者自我反馈则可结合数字化学习系统，使其在学习过程中自主记录文化学习体验，并进行阶段性反思。通过学习日志、文化案例分析、自主文化探索报告等方式，学习者能够总结文化学习过程，并调整后续学习路径。

此外，同伴反馈能够增强文化学习的互动性，使学习者能够在相互交流中发现不同的文化理解方式，并提升跨文化沟通能力。优化教学反馈机制不仅能够提升文化学习的精准性，还能够增强学习者的文化归属感和文化认同度。

（五）构建文化教学的长期追踪评估体系

中华文化的学习并非短期的课堂任务，而是长期的文化理解与实践过程。

因此，文化教学评价体系需要突破单一阶段的评估模式，构建长期追踪评估体系，助力学习者在持续学习中不断深化文化理解，并提升跨文化适应能力。

长期追踪评估体系的构建需要融合数据分析、学习者档案记录、文化适应性测评等方式，使教师能够跟踪学习者的文化学习历程，并提供长期的学习指导。学习者档案记录可涵盖文化学习轨迹、跨文化交流经历、文化传播实践等，使评价体系能够动态反映学习者的文化成长路径。此外，跨文化适应性测评可结合跨文化调研、国际文化交流项目等，使学习者在真实情境中展示其文化学习成果，并通过长期跟踪分析其文化适应能力的变化。

长期追踪评估体系的实施还需依托文化学习数据库，使教师能够在大数据支持下精准分析学习者的文化学习模式，并给出个性化的教学建议。同时，该体系还可为文化课程的优化提供数据支持，使文化教学更具针对性和持续性。

中华文化教学评价方法的创新需要融合现代教育理念、数字技术支持和长期评估机制，以全面提升文化教学的科学性和实践性。通过自评与同伴互评、基于项目成果的文化测评、数字化技术辅助评价、优化教学反馈机制以及长期追踪评估体系的构建，能够确保文化教学评价的全面性、动态性和精准性，从而推动中华文化在全球范围内的有效传播与深度学习。

第四节　课程资源的开发与有效利用

一、校内文化资源整合

在汉语国际教育体系中，整合校内文化资源是推动中华优秀传统文化传播的重要举措。高校及各类教育机构拥有丰富的文化资源，经合理开发和高效利用，可以为学习者提供多层次、多维度的文化学习环境。校内文化资源的整合不仅能够增强中华文化课程的实践性，还能够提高学习者的文化认同感和文化应用能力。因此，应从建设文化展示空间、组织文化活动、发挥校内专家作用、利用图书馆资源以及开发校园文化景观的教育功能等方面，构建系统化的文化资源整合模式，以提升中华文化的教学效果与传播广度。

（一）建设中华文化展示馆或文化角

文化展示空间的建设对增强文化学习的直观性和沉浸感具有重要作用。文化展示馆或文化角能够集中呈现中华文化的核心元素，使学习者能够在日常学习环境中直观感受到中华文化的魅力。展示内容可以涵盖中华文化的历史、艺术、书法、传统工艺、民俗习惯等，使文化教学不再局限于课堂，而是拓展至可视化、互动式的文化体验空间。

展示馆的建设需契合教育目标，使其不仅是文化展览空间，还能够成为文化教学与研究的平台。可以借助多媒体技术增强文化展示的互动性，如运用增强现实技术提供沉浸式文化体验，使学习者能够在虚拟空间中探索古代建筑、文物细节或历史场景。此外，还可以定期更换展示内容，结合教学主题设立专题展览，使展示馆的文化传播功能得到持续优化。

文化角的建设相较于展示馆更加灵活，可设置于校园公共区域，如图书馆、教学楼、学生休闲区等，使学习者能够利用零碎时间接触文化内容。文化角可以配备中华文化书籍、传统艺术作品、非遗技艺展示等，同时结合线上资源，使学习者能够通过扫描二维码获取更丰富的文化信息。

（二）组织校内文化社团与活动

组织文化社团开展文化活动能够有效提升学习者对中华文化的参与度，使文化学习由被动接受转变为主动探索。文化社团作为校园文化传播的重要载体，能够吸引不同文化背景的学习者，通过多样化的活动增进文化理解与交流。

社团组建应结合不同文化兴趣群体，打造具有针对性的文化学习共同体。例如，可设立书法社团、传统乐器社团、茶文化社团、汉服社团等，使学习者能够在兴趣驱动下深入体验中华文化。同时，社团活动应与文化课程形成互补，通过实践活动增强文化教学的互动性。社团活动的形式可涵盖文化讲座、艺术实践、跨文化交流等，助力学习者在多元文化环境中增强对中华文化的认同感和适应能力。

文化活动的策划应结合中华传统节日、历史纪念日、跨文化交流周等契机，组织专题文化体验活动。例如，可开展中华传统技艺工作坊，使学习者能够在动手实践中掌握传统工艺技巧；组织文化情景模拟，使学习者能够在沉浸式情境中理解中华文化的社会功能。此外，还可以与校外文化机构合作，邀请专家学者、文化传承人参与活动，增强文化传播的深度和影响力。

（三）邀请校内专家开展文化讲座

校内专家是文化教学的重要资源，能够为文化课程提供学术支持，并拓展学习者的文化认知维度。邀请文化学者、历史专家、艺术研究者等举办文化讲座，不仅能够提升文化教学的专业性，还能够激发学习者的学术兴趣，使其在文化学习过程中进行更深入的思考。

文化讲座的主题应涵盖中华文化的多个领域，包括哲学思想、文学艺术、社会习俗、科技创新等，使学习者能够从不同角度了解中华文化的多样性和演变过程。讲座方式可以结合互动讨论、案例分析、文化实践等，使学习者能够在学术探讨中提升文化理解力。

此外，文化讲座应借助现代技术手段，通过线上直播、课程录制、互动论坛等方式，使文化知识传播突破时间和空间的限制，扩大受众范围。同时，可建立长期讲座机制，使文化讲座成为文化课程的重要补充，并与校内文化课程相互配合，形成系统化的文化知识体系。

（四）利用图书馆文化藏书资源

图书馆作为高校文化资源的核心平台，承载着丰富的文化教育功能。在汉语国际教育背景下，图书馆不仅是语言学习的辅助场所，还应成为中华文化知识传播的重要阵地。合理利用图书馆的文化藏书资源，能够提升学习者的文化阅读兴趣，并拓宽其文化知识储备。

图书馆文化资源的开发需要针对不同层次学习者的需求，建立分级阅读体系，使学习者能够根据自身语言水平和文化认知能力选择适合的文化书籍。此外，图书馆还可设置文化专题阅读区，集中陈列与中华文化相关的经典著作、学术研究成果、当代文化作品等，使学习者能够在自主阅读中深化对中华文化的理解。

图书馆资源利用还可结合数字化技术，通过建立在线文化阅读数据库，使学习者能够随时随地获取文化学习资料。此外，可组织文化阅读分享会，使学习者能够在阅读过程中进行观点交流，并结合阅读体验形成对中华文化的深层次认知。

（五）开发校园文化景观的教育功能

校园文化景观不仅是校园文化氛围的体现，也是文化教育资源的重要组成部分。合理开发校园文化景观的教育功能，能让学习者在日常环境中自然而然地接受中华文化熏陶，并提升其文化感知能力。

校园文化景观的建设应融入中华文化元素，使其不仅具备观赏价值，还能成为文化学习载体。例如，学校可结合中华传统建筑风格、园林设计、美术雕塑等，打造具有中华文化特色的校园环境。此外，可在校园内设立文化标识系统，结合二维码、电子导览等方式，使学习者能够获取相关文化背景信息，并在探索校园环境的过程中增强文化认知。

校园文化景观的教育功能还可通过文化课程设计加以强化，使文化学习不再局限于课堂，而是延伸至日常生活场景。例如，可组织文化景观导览任务，使学习者在校园中进行文化探索，并结合课堂学习进行文化表达。此外，还可以结合现代科技手段，构建数字化校园文化展示平台，使校园文化资源的教育功能得到更广泛的应用。

通过系统化的校内文化资源整合，可以有效增强中华文化教学的实践性和体验感，使文化课程从静态知识传授转变为动态、互动、沉浸式的文化学习过程。这不仅能够增强学习者的文化认同感，还能够提升其跨文化交际能力，使中华文化的国际传播更加深入和可持续。

二、校外文化资源拓展

在汉语国际教育的文化教学体系中，校外文化资源的运用能够有效弥补课堂教学的局限，为学习者提供更加真实、生动的文化体验。通过拓展校外文化资源，可以构建跨课堂、跨地域、跨学科的文化学习网络，使学习者在社会实践和互动交流中深化对中华文化的理解。合理开发校外文化资源不仅有助于增强文化课程的实践性和互动性，还能够推动中华文化在全球化语境下的传播与发展。因此，应从与当地文化机构建立合作、组织文化遗址与博物馆参观、开展社区文化调研、利用社会文化活动资源以及邀请民间艺人参与教学等方面，构建科学、系统的校外文化资源拓展模式，以提升中华文化教学的深度和广度。

（一）与当地文化机构建立合作关系

文化机构作为文化资源的集聚地，肩负着文化传承、研究与推广的重任，与文化机构建立合作关系，能够为汉语国际教育提供专业化、多元化的文化教学资源。文化机构的类型涵盖博物馆、文化研究中心、非遗保护单位、艺术馆、文化基金会等，这些机构的资源不仅能够丰富教学内容，还能够增强学习者的文化实践体验。

在合作模式的设计上，可以构建长期合作机制，使文化机构的资源能够与汉语国际教育课程形成稳定的互动关系。具体合作方式包括联合开发文化课程、共同举办文化讲座、提供实地文化学习基地、开展文化交流活动等。合作内容应涵盖中华文化的多个领域，使学习者能够在多维度的文化体验中领悟中华文化的核心价值。

此外，文化机构的合作还可以结合在线资源共享模式，使学习者能够通过数字化平台获取高质量的文化学习资源，如在线博物馆导览、数字化文化文献、虚拟文化展览等。通过线上线下结合的方式，文化机构的资源能够更加高效地服务于汉语国际教育，并促进中华文化的全球传播。

（二）组织学生参观文化遗址与博物馆

文化遗址和博物馆作为中华文化的重要载体，承载着丰富的历史、艺术和社会文化信息。组织学生参观文化遗址与博物馆，可以将课堂所学的文化知识与真实的历史场景结合，使学习者在实践中获得更加直观的文化体验，并提升其文化认同感。

文化遗址的参观活动需结合文化课程内容，使学习者能够在历史遗存中探寻中华文化的演变轨迹。教学过程中，可设置实地考察任务，如文化遗址背景研究、文物分析、历史事件解读等，使学习者能够在探索文化遗存的过程中理解中华文化的传承脉络。此外，可运用现代科技手段，如增强现实和虚拟现实，为学习者提供沉浸式文化体验，使其能够在数字化环境中更加深入地感知中华文化。

博物馆的参观活动应注重学习者的互动体验，使其能够通过馆藏文物、历史展览、文化专题展等方式深入理解中华文化。可以通过馆内讲解、研讨交流、文化任务探究等方式，使学习者在观察与思考中提升文化理解能力。同时，文化课程可以与博物馆的教育资源进行整合，如利用博物馆的讲座、文化研学活动、文物修复体验等，使学习者在实践中拓展文化认知边界。

（三）开展社区文化调研活动

社区作为文化生态的重要组成部分，是中华文化在现代社会中延续与发展的关键场所。开展社区文化调研活动，可以使学习者深入基层社会，观察中华文化在日常生活中的呈现，并在社会互动中理解文化的实际应用。

社区文化调研内容应涵盖多个层面，包括传统文化在社区中的传承方式、居民的文化信仰、社区的文化活动、文化符号的社会功能等。在调研过程中，学习者可以通过访谈、问卷调查、参与社区活动等方式，收集第一手文化资料，并通过数据分析和案例研究的方式，探索中华文化在不同社会群体中的认同与适应情况。

社区文化调研需要结合文化课程的教学目标，使学习者能够围绕特定的文化主题展开研究，并基于调研成果进行文化反思与表达。例如，可以结合文化传播模式，分析中华文化在不同社区的传播路径；或结合文化适应理论，探讨中华文化在不同社会群体中的接受度。此外，调研成果还可以转化为文化传播内容，如撰写文化调研报告、制作文化短片、组织社区文化展览等，使学习者能够在文化传播实践中提升跨文化交流能力。

（四）利用社会文化活动资源

社会文化活动是中华文化的重要传播载体，涵盖节庆活动、文化展览、艺术演出、学术论坛等多种形式。充分利用社会文化活动资源，可以使学习者在真实文化情境中感受中华文化的活力，并提升其文化参与度。

文化活动的参与方式可以采用观察、体验、互动等多种模式，使学习者能够在不同层次的文化实践中深化文化认知。例如，学习者可以参与中华传统节日的庆祝活动，通过观察节日仪式、体验节日习俗、剖析节日文化内涵等方式，理解中华文化的时间观念、伦理观念和社会价值。此外，学习者还可以参与文化展览、戏曲表演、艺术工作坊等活动，在实践中感受中华文化的美学思想和艺术表现形式。

社会文化活动的利用还可以结合文化课程，使学习者在活动前进行文化背景研究，在活动后开展文化反思与交流。教师可以指导学习者通过文化观察笔记、文化体验报告、文化演讲等方式，将社会文化活动的体验转化为文化表达能力，从而提升其文化传播能力。

（五）邀请民间艺人参与教学活动

民间艺人是中华文化的重要传承者，其技艺承载着丰富的文化信息。邀请民间艺人参与教学活动，可以为学习者提供直接的文化体验，使其在传统技艺的学习与实践中深入理解中华文化的传承方式和文化逻辑。

民间艺人的教学活动可以结合非遗文化课程，使学习者在技艺传承过程中了解文化的历史背景、技艺特点和社会功能。例如，书法、剪纸、陶艺、刺绣、传统乐器演奏等民间技艺，都可以成为文化教学的重要内容。通过艺人的现场演示、技艺讲解、实践指导，学习者能够在实际操作中掌握文化技艺，并理解其背后的文化意义。

此外，可建立民间艺人参与教学的长期合作机制，使学习者能够在不同阶段深入学习特定的文化技艺。学校可以与非遗传承人、工艺大师、传统文化工作坊等机构建立合作，使学习者能够在稳定的文化传承体系中深入学习中华文化。此外，还可以结合数字化手段，建立非遗文化教学资源库，使学习者能够通过在线课程、互动视频、虚拟工作坊等方式，随时随地学习中华传统技艺。

通过拓展校外文化资源，能够构建更加立体、互动、多元的文化教学体系，使中华文化的传播方式更加丰富灵活。校外文化资源的合理利用不仅能够增强文化课程的实践性和趣味性，还能够推动中华文化在跨文化交流中的传播与创新，使学习者能够在全球化语境中更加深刻地理解和运用中华文化。

三、网络文化资源挖掘

在全球化与数字化时代，网络文化资源的开发与利用已成为汉语国际教育中传播中华文化的重要手段。网络平台不仅突破了地域与时间的限制，还能够通过多模态交互方式提升文化教学的互动性、沉浸感与可持续性。随着信息技术的发展，网络文化资源的应用场景日益丰富，包括在线学习平台、社交媒体、数字化文化课程、网络论坛以及多媒体文化素材库等。这些资源的有效挖掘，不仅能够为学习者提供多维度的文化体验，还能够拓展中华文化的国际传播路径。因此，需要系统筛选优质文化学习网站与平台、利用社交媒体促进文化交流、开发在线文化课程资源、参与文化主题网络论坛与社区，并充分利用网络文化素材，使文化教学更加灵活、多样化，并契合现代学习者的需求。

（一）筛选优质文化学习网站与平台

在汉语国际教育体系中，网络学习平台已成为文化教学的重要载体，为学习者提供便捷的在线学习资源。高质量的文化学习网站与平台不仅能够提供权威性的文化内容，还能融合多种教学模式，方便学习者自主选择学习路径。因此，筛选优质的文化学习网站与平台是提升网络文化资源利用效率的关键。

文化学习平台的筛选需综合考量内容权威性、资源多样性、学习交互性等因素。内容权威性关系到文化知识的准确性与系统性，因此需优先选择由专业机构、学术研究机构或权威教育组织提供的学习资源。资源多样性则体现在文本、音视频、图像、虚拟现实体验等形式上，能够满足不同学习者的需求。学习交互性则要求平台提供讨论区、实时答疑、在线测评等功能，使学习者能够在互动过程中深化文化理解。

此外，文化学习平台的选择应满足不同层次的学习者需求，既包括针对初学者的基础文化知识，也涵盖高级学习者的深度文化研究资源。同时，需借助人工智能推荐系统，使学习者能够基于个人兴趣获取个性化的文化学习内容，提升学习的精准度与趣味性。

（二）利用社交媒体开展文化交流

社交媒体作为全球化背景下文化传播的核心工具，也是汉语国际教育中促进文化交流与互动的重要手段。社交媒体平台不仅具有信息传播的广泛性，还能够实现跨文化即时互动，使中华文化传播更加贴近学习者的日常生活。

在文化教学中，社交媒体的应用可涵盖多个层面。一方面，可通过短视频、直播、文化推文等方式，生动直观地向学习者展示中华文化的多样性。动态可视化的文化内容更容易激发学习者兴趣，使文化知识的传播更加轻松有效。另一方面，社交媒体能够促进学习者之间的文化交流，如创建文化学习社群、开展线上文化挑战、组织跨文化讨论等，使学习者在互动中深化对中华文化的理解。

社交媒体的文化教学应用需结合不同国家和地区学习者的使用习惯，选择合适的传播平台。例如，在国际传播中，应结合全球主流社交媒体平台，针对不同语言背景的学习者设计文化内容，并利用多语言字幕、人工智能翻译等技术，增强中华文化传播的全球适应性。此外，运用社交媒体数据分析技术，分析学习者的互动数据、文化兴趣点，优化文化教学策略，使文化传播更加精准、高效。

（三）开发在线文化课程资源

在线文化课程资源的开发是网络文化教学体系构建的重要环节，有助于学习者在自主学习环境中深入理解中华文化。与传统课程相比，在线文化课程具有更强的灵活性和拓展性，能够突破课堂教学的局限，并结合学习者需求进行个性化设计。

在线文化课程的开发需结合现代教育技术，构建模块化、多层次的课程体系。课程内容可涵盖中华文化的核心概念、历史背景、文学艺术、哲学思想、社会风俗等多个方面，并结合动态案例、虚拟互动、游戏化学习等方式，使学习者能够在沉浸式环境中学习文化知识。此外，课程应结合多模态教学资源，如电子书、音频课程、在线讲座、虚拟文化体验等，使学习方式更加多样化。

课程的教学方式可采用混合式学习模式，使在线文化课程既能够独立运行，也能够与线下课程结合。通过构建在线文化课程数据库，使学习者能够在自主学习过程中不断拓展知识体系，并与其他学习者进行在线讨论与交流，形成学习社区。此外，可借助大数据分析技术，优化学习路径，针对不同学习者提供智能化学习建议，使文化教学更具个性化与精准度。

（四）参与文化主题网络论坛与社区

网络论坛和文化学习社区是文化传播的重要交互平台，能够为学习者提供跨文化交流的空间，使中华文化的学习从单向输入转为多向互动。通过参与文化主题网络论坛与社区，学习者能够与全球文化爱好者进行深度对话，探讨文化差异、文化共性以及文化适应策略。

文化论坛的建设需要契合不同学习者的兴趣点，设置多种主题板块，如中华文化历史、语言与文化、民俗与传统、现代文化发展等，便于学习者根据自身兴趣开展文化探讨。论坛应鼓励学习者自主发起话题讨论，分享文化体验，并结合专家答疑、文化案例分析等，拓展学习的深度与广度。

网络文化社区的构建则需要引入社群运营模式，使学习者能够长期保持学习热情。社区组织线上文化活动，如文化挑战赛、文化知识竞赛、在线文化展览等，使学习者在互动中提升文化认知。此外，社区还可与学术机构、文化机构合作，邀请文化学者、非遗传承人、汉语教育专家参与交流，使学习者能够获得权威的文化指导。

（五）利用网络文化素材丰富教学内容

网络文化素材作为现代文化教学的重要资源，涵盖多种形式，如数字化文献、影视作品、音乐、游戏、动画、人工智能生成内容等。充分利用网络文化素材，可以使文化课程更加生动，提升学习者的文化接受度与理解力。

在文化教学中，网络文化素材的应用需注重资源筛选，确保文化内容的学术性、真实性与适应性。例如，历史纪录片可用于讲解中华文化的发展脉络，音乐与戏曲资源可用于展现中华文化的美学特征，数字化博物馆资源可增强文化教学的直观性。此外，借助人工智能技术，开发个性化文化学习工具，如智能语音助手、AI 文化问答系统等，使学习者能够在互动中探索中华文化。

网络文化素材的利用还需结合跨文化比较，帮助学习者在全球文化语境下理解中华文化。例如，运用多媒体数据分析技术，比较不同国家文化在影视、文学、艺术等方面的异同，学习者能够形成更加开放的文化视角。此外，还可利用数字技术开发文化学习游戏，使学习者能够在沉浸式体验中掌握中华文化的核心概念。

　　科学合理的网络文化资源挖掘能够有效提升汉语国际教育的文化传播能力，并增强学习者的文化认同感与文化适应力。通过优化文化学习平台、利用社交媒体互动、开发在线文化课程、参与文化主题网络社区、丰富网络文化素材等举措，可以构建更加立体、多元的文化学习生态体系，使中华文化的全球传播更加高效、精准且富有吸引力。

参考文献

[1] 白宏钟. 汉语国际教育与中华文化传播 [M]. 保定：河北大学出版社，2020.

[2] 范佳佳. 国际汉语教育中的文化融入与跨文化交流 [M]. 哈尔滨：北方文艺出版社，2024.

[3] 韩林耕. 国际中文教育理论与实践研究 [M]. 长春：吉林出版集团股份有限公司，2023.

[4] 金伟，苑洋. "互联网+"背景下的汉语国际教育与文化传播 [M]. 北京：东方出版社，2023.

[5] 李睿，冷冰雪，王锐. 跨文化视域下汉语国际教育研究 [M]. 哈尔滨：哈尔滨出版社，2020.

[6] 李宇凤. 汉语国际教育教学改革与实践探索 [M]. 成都：四川大学出版社，2022.

[7] 马万华. 全球化进程中的院校国际化：理论与实践 [M]. 北京：北京理工大学出版社，2022.

[8] 逄增玉，包学菊. 孔子学院与中国文化国际传播研究 [M]. 北京：中国传媒大学出版社，2022.

[9] 唐柳金. 中国文化与汉语国际教育 [M]. 北京：九州出版社，2020.

[10] 王小穹. 汉语语法研究与国际教育传播 [M]. 武汉：武汉大学出版社，2021.

[11] 温红霞. 跨文化视角下的国际中文教育教学研究 [M]. 长春：吉林出版集团股份有限公司，2024.

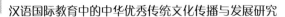

[12] 吴思娜. 中文作为第二语言学习者的认知研究 [M]. 北京：北京出版社，2022.

[13] 肖毅. 新时代国际中文教育的创新研究 [M]. 北京：中国民主法制出版社，2023.

[14] 许红晴. 中华文化传播与汉语国际教育 [M]. 北京：九州出版社，2021.

[15] 姚喜明. "一带一路"背景下的汉语国际教育 [M]. 上海：上海大学出版社，2024.